Editorial

Foto: privat

Liebe Pferdefreunde,

in schwierigen Zeiten wird es immer essentieller, sich seines Pferdes wirklich bewusst zu werden und dabei auch daran zu denken, wie wichtig die Pferde für unser Wohlbefinden sind. Sie sind einfach da, ohne Erwartung und ohne Kritik. Und Kritik an der eigenen Person ist in der Gesellschaft in dieser unruhigen Zeit vorprogrammiert. Wir selbst werden immer unzufriedener und Pferde holen uns auf das Wesentliche zurück. Dadurch bringen sie Licht in unseren Alltag, weil sie uns erden. Aber Pferde können noch viel mehr, als unser Dasein zu erhellen. Durch ihren Urinstinkt sind Pferde wie Antennen, wenn es um das Bauchgefühl geht – man spricht auch vom sechsten oder siebten Sinn. Lernen wir, uns mehr auf das Gefühl der Pferde zu verlassen, kann das unsere eigene Wahrnehmung sehr schulen. Deshalb sollte man sein Pferd nicht nur als Reittier sehen, sondern beobachten, wie es sich in der Natur verhält. Pferde sind so authentisch und klar, dass sie uns als Indikatoren dienen, wenn Gefahr herrscht. Dazu gehört, sie genau zu beobachten, wenn es um Umgebungsgeräusche, Launenhaftigkeit (aus unserer Sicht gesehen) geht. Welche Kräuter sie fressen, kann ein Indiz dafür sein, dass sie in ihrem Körper einen Mangel ausgleichen wollen. Beobachten sollten wir auch ihre Mimik, wie und was uns zum Beispiel eine Maulfalte sagen will. Die Körpersprache der Pferde sagt viel über unser Verhalten ihnen gegenüber aus. Beachten wir sie nicht gut genug?

In dieser Ausgabe erklärt Susanne Herbrik etwas über das Wesen Pferd vor dem Gesetz am Beispiel des Einäscherns. Hier kommt es sehr darauf an, ob unser heiß geliebter Vierbeiner als Nutz- oder als Heimtier betrachtet wird. Silja Schießwohl beschäftigt sich mit dem richtigen Timing in der Hilfengebung. Und wir haben ein wohl alltägliches Thema aufgegriffen, das die Beziehung zwischen Pferd und Mensch zwar stärken kann, aber bei dem sich die Reiterwelt in kontroverse Lager teilt – Leckerli. Die Industrie freut sich, produziert in Massen, die anderen sehen es als wertvolle Motivation und die Dritten als unnötig an, weil man doch um seiner selbst geliebt werden will und nicht wegen der Futterbelohnung. Dabei sind Nina Steigerwald, Hans-Jürgen Neuhauser und Yve Ehler-Klatte unsere Interviewpartner. Im Alltagstraining nimmt sich Nina Steigerwald diesmal das Auftrensen und Satteln vor. Unsere Pferde sind im Fellwechsel, und dabei gilt es, einen Blick genauer auf das Fell und seine Funktion zu werfen. Denn das Fell ist ein guter Indikator für den Allgemeinzustand des Pferdes.

Unser Schwerpunkt in dieser Ausgabe ist dem Thema Stress gewidmet. In der Sonderausgabe 2021 ging es um Angst bei Pferd und Mensch. Und Stress geht bekanntlich der Angst voraus. Deshalb ist es wichtig, noch einen Schritt zurückzumachen und uns anzusehen, wie man mit Stress umgehen kann und wie man sein Pferd oder seine Pferde davor bewahren kann. Alexandra König und Lukas Umbach widmen sich dem Stress bei Pferden und Jungpferden, Christina Fritz setzt die Erkrankung Cushing in Bezug zu Langzeitstress und Michaela Hohlstein klärt auf, wie die Frequenztherapie bei Stress und Angst helfen kann.

Ich kann es nicht oft genug betonen: Pferde sind unser Herzblut, und deshalb versuchen wir, ehrlich aufzuklären. Gerade deshalb ist uns die Meinung unserer Leser so wichtig. Denn die Fragen und Wünsche der Natural-Horse-Leser bestimmen die Themen der Redaktion. Oberstes Gebot unseres Bookazins ist immer das Wohl unserer Vierbeiner. Dafür kämpfen wir und setzen uns ein – für einen achtsamen Umgang mit unseren heiß geliebten Pferden.

Mit pferdisch-empathischen Grüßen

Eure Martina Kiss

PS: Wir freuen uns immer über Kritik und Zuschriften als Feedback auf Natural Horse (redaktion@naturalhorse.de)!

Inhalt

04 Intuition Pferd
– auf die Signale achten
von Martina Kiss

08 Das Pferd vor dem Gesetz
als Nutz- oder Heimtier
von Susanne Herbrik

14 Auf das Timing kommt´s an
Die richtige Hilfe zur richtigen Zeit
von Silja Schießwohl

20 Leckerli – ja, nein, vielleicht ...
Wie sinnvoll sind sie?
Interview mit Nina Steigerwald,
Hans-Jürgen Neuhauser, Yve Ehler-Klatte

28 Gerittene APM
Energetische Wechselwirkungen unter dem Sattel
von Kirsten Fleiser

36 Das Fell
mehr als nur Körperbedeckung
von Martina Kiss

39 Eco Hoof Print
Fellschön®Fellwechselhelfer

42 Auftrensen und Aufsatteln
– stressfrei für Pferd und Mensch
von Nina Steigerwald

50 Stress beim Pferd
– vorausschauend agieren und Gefahren vermeiden
von Alexandra König

08 Das Pferd vor dem Gesetz

shutterstock: MindStorm, adobestock, Christiane Slawik

36 Das Fell

Foto: Christiane Slawik

28 Gerittene APM

Foto: Christiane Slawik, Grafik: Eva Lakas

58 Behutsame Jungpferdeausbildung
Ein stressfreies Miteinander entwickeln
von Lukas Umbach

64 Cushing-Symptome
als Folge von Langzeitstress
von Dr. Christina Fritz

72 Stress und Angst managen
durch Coaching und Frequenztherapie
von Michaela Hohlstein

78 Buchempfehlung
„Von Pferden lernen, sich selbst zu verstehen“

79 Harrys Welt
von Harry, dem Verlagshaflinger

80 Impressum, Abo

50 Stress beim Pferd

Foto: Christiane Slawik

Intuition Pferd

– auf die Signale achten

von Martina Kiss

Pferde sind sehr feinfühlige Wesen. Sie sind richtige Seismografen der Gefühle. Dadurch eignen sie sich perfekt als Partner für Menschen, die ihre Gefühle nicht nach außen tragen können, ob heranwachsendes Kind, Jugendlicher oder hochsensibler Mensch. Pferde stärken den Menschen in seiner Persönlichkeit. Deshalb sind sie bestens in der Psychotherapie als tierische Coaches aufgehoben. Aber wie sieht es im Alltag aus?

Pferde erschnüffeln und erfühlen Gefahrenquellen. Wir reiten Pferde, wir umgeben uns mit ihnen, jedoch hören wir wirklich auf ihre Signale, die sie täglich aussenden?

Foto: Christiane Slawik

Die 14-jährige Mara* reitet gern mit ihrem Schulpferd Jetta ins Gelände raus. Die Natur und die zwölfjährige, ruhige Stute sind für das Mädchen, das an ADHS leidet, Balsam für Nerven und Seele. Denn in ihrem häuslichen und schulischen Umfeld fühlt sich Mara nicht immer wohl und entspannt. Mehr noch: Sie fühlt sich unverstanden und Gesprächstherapien können ihr nur zum Teil helfen. Aber wenn sie mit Jetta zusammen ist, blüht das junge Mädchen richtig auf, geht aus sich heraus und entspannt sich dabei. Seit sie Jetta an ihrer Seite hat, kann sie sich im Unterricht auch mehr konzentrieren.

Mara mochte die Reitstunden in der Halle nicht und deshalb war sie mit Jetta die meiste Zeit im Gelände unterwegs. Dabei fühlte sie sich immer sicher und ruhig. Bis an einem sonnigen Herbsttag. Schon als Mara mit der Stute weg vom Stall ritt, wollte Jetta wieder zurück. Zuerst dachte das Mädchen, dass es an ihr selbst liege, weil sie an diesem Tag Probleme in der Schule hatte. Als sie jedoch mitten im Gelände waren, wurde die Stute immer unruhiger, obwohl Mara sich mehr und mehr entspannte. Plötzlich hörte Mara einen Knall hinter der Galoppstrecke und konnte sich nur noch am Hals von Jetta festhalten, denn die Stute geriet in Panik und galoppierte los – zurück zum Stall. Sie bremste erst wieder ab, als sie die eingezäunten Weiden vor dem Stall sah. Im Stall angekommen, beruhigte sie sich rasch. Sie hatte sich und ihre Reiterin in Sicherheit gebracht.

*Name von der Redaktion geändert

Der untrügliche Pferdeinstinkt

Dieses Beispiel zeigt, dass Tiere uns im Empfangen von Schwingungen weit voraus sind.

Pferde sind evolutionstechnisch als Beutetier auf Flucht getriggert. Diesem Umstand verdanken sie, dass sie noch nicht ausgestorben sind. Und dieser Instinkt hat sich bis heute verfeinert. Waren es in früheren Zeiten noch die Beutegreifer, vor denen sie flüchten mussten, sind es heutzutage Störfelder wie Schusswaffen, laute Treckergeräusche und so weiter. In vielen Fällen spiegelt das Pferd auch die Gefühlswelt des Menschen, aber bei diesem Ausritt war es das Störgeräusch hinter der Galoppstrecke, das sich wie ein weit entfernter Gewehrschuss oder Reifenplatzer anhörte. Aber nicht nur im Gelände sind Pferde Indikatoren für Gefahrenquellen und beunruhigende Situationen, auf die Menschen achten und das eigene Bauchgefühl dafür besser schulen sollten.

Veränderungen als einschneidendes Erlebnis

Es muss nicht unbedingt etwas Bedrohliches sein, das uns Pferde anzeigen. Die Gesundheit von Pferden hängt von einem Ausgleich in Körper, Geist und Seele ab. Da sie aber in unserer Gesellschaft die meiste Zeit Stress ausgesetzt sind, ist dieser Ausgleich mühsam aufrechtzuerhalten. Das ist ein Grund, warum es so viele kranke Pferde gibt, und es werden mehr und mehr. Denn selbst wenn das Pferd glücklich im Offenstall ist, kann der Körper aufgrund schlechter Futterqualität langfristig leiden. Und auch im Offenstall – wenn es nicht unbedingt eine in sich gewachsene Herde ist – hat es Stress, weil es seinen Platz erst finden muss. Kann es seinen Platz nicht schnell genug finden, kann es sein, dass sein Besitzer wieder einen Stallwechsel vollzieht, was wieder Stress bedeutet. Ein neuer Stall bedeutet auch eine neue Rangordnung.

Es gibt Plätze, auf denen sich Pferde wohlfühlen. Dort halten sie sich oft und gerne auf. Wenn Pferde einen Platz meiden, hat es immer einen tieferen Hintergrund. *Foto: Christiane Slawik*

Bis der richtige Stall mit den passenden Kumpeln gefunden ist, dauert es. Wobei man dem Pferd genügend Zeit geben sollte, sich an die neue Umgebung zu gewöhnen. Manche Pferde werden sofort in einer Gruppe aufgenommen. Andere brauchen oft monatelang, und dann sind sie akzeptiertes Mitglied und haben meistens ein anderes Gruppenmitglied, das ihnen besonders am Herzen liegt.

Bei der Stallsuche sollte man auch auf Plätze im Stall oder auf der Weide achten, die sie meiden. Pferde mögen keine Stellen – ob in der Box oder im Unterstand –, unter denen Wasseradern verlaufen oder Störfelder (Hochspannungsmasten direkt auf der Weide) sind. Dazu muss man nicht mit der Wünschelrute durch den Stall oder auf die Weide gehen, sondern einfach beobachten, wo das Pferd gern steht oder liegt oder welchem Platz es ausweicht.

Wehrt sich das Pferd, hat es vorher schon viele kleine Zeichen gegeben, dass das Verhalten des Menschen nicht korrekt war. *Foto: Christiane Slawik*

Genießbares Futter und unterstützende Kräuter

Im Frühjahr und im Herbst reitet man gern ins Gelände raus. Es ist nicht so heiß wie im Sommer, dadurch wird das Pferd

nicht mehr durch Fliegen oder Bremsen gestört und die angenehmen Temperaturen und die Farbenpracht sind Balsam für die Seele. In diesen beiden Jahreszeiten ist aber auch der Stoffwechsel des Pferdes am meisten gefordert, was einen Energieabfall in den Entgiftungsorganen zur Folge hat. Diesen gleichen die Pferde aus, indem sie Kräuter oder Gräser im Wald fressen, die Bitterstoffe enthalten und somit Leber und Niere unterstützen. Achten Sie einmal beim Ausreiten in einer Pause darauf, was Ihr Pferd frisst, denn es weiß, wie es sich und seinen Körper gesund erhält. Ebenso verhält es sich im Stall, wenn es das Heu nicht anrührt. Dann stimmt etwas nicht mit dem Heu, womöglich ist es schimmelig oder es enthält Keime, die dem Pferd schaden könnten. Am besten sprechen Sie mit Ihrem Stallbetreiber, ob er anderes Heu verfüttern kann, oder Sie kaufen einwandfreies Heu selbst zu.

Krankheiten erfühlen

Krankheiten haben für Pferde etwas mit Unsicherheit zu tun. Ein krankes Pferd gefährdet mitunter eine ganze Herde in der freien Wildbahn. Auch wenn unsere Hauspferde schon lange domestiziert sind, erfühlen sie Krankheiten und somit eine Gefährdung für das eigene Leben noch immer. Ob diese Krankheit bei einem Stallgenossen auftritt oder beim Menschen, spielt hier eine untergeordnete Rolle. Kommt zum Beispiel der Mensch erkältet zu seinem Pferd, kann es sein, dass es sich abwendet und eine unwirsche Schweifbewegung macht. Das bedeutet nicht, dass das Pferd seinen Menschen nicht mehr mag, aber das Pferd macht klar: „Mit dir stimmt heute etwas nicht, du gefährdest mich." Daran sehen wir erstens, wie sehr das Pferd im Hier und Jetzt lebt, aber wir sehen auch, dass uns das Pferd als Indikator sehr gute Dienste leisten kann.

Emotionen des Menschen

Alles, was mit Imbalancen zu tun hat, beantworten Pferde auf ihre Art und Weise. Damit wollen und können sie sich nicht auseinandersetzen. Pferde sind feinsinnige und hochsensible Tiere. Warum sollten wir ihnen zumuten, wenn wir frustriert aus dem Büro kommen, unseren Ärger zu ertragen? Ist das Band zwischen Mensch und Pferd sehr stark, wird das Pferd seinem Menschen auf eine sensible Art klarmachen: „So nicht, mein Freund!", und damit seinen Unwillen verdeutlichen, wenn sein Mensch seelisch nicht ausgeglichen ist. Da der Mensch nicht immer gleich feinfühlig wie sein Pferd ist, kann das Pferd seinen Unwillen ab und an etwas stärker betonen, leider auch mit Beißen oder Treten. Es sind oft die feinsten Signale, die der Mensch gern übersieht, die ein Pferd aber gar nicht anders ausdrücken kann. Denn die Signale der Pferde sind für uns Menschen oft kaum erkennbar. Wir registrieren erst, dass etwas nicht stimmt, wenn das Pferd auffordernd wiehert, stark aufstampft oder im schlimmsten Fall ausschlägt. Für das Pferd ist diese Art der Kommunikation aber schon der höchste Ausdruck von einem Fehlverhalten des Menschen ihm gegenüber.

Wenn wir uns mit Pferden umgeben, sollten wir Spaß und Freude mit ihnen haben und uns und sie motivieren. Als Freizeitpartner sind sie für uns eine Bereicherung und ein Ausgleich für den anstrengenden Alltag. Pferde folgen ihren Instinkten, von denen wir nur lernen können. Uns Menschen gegenüber versuchen sie höflich zu sein, außer wir behandeln sie falsch und ungerecht. Sind wir ihnen gegenüber freundlich und höflich, beschenken sie uns mit ihrer Freundschaft.

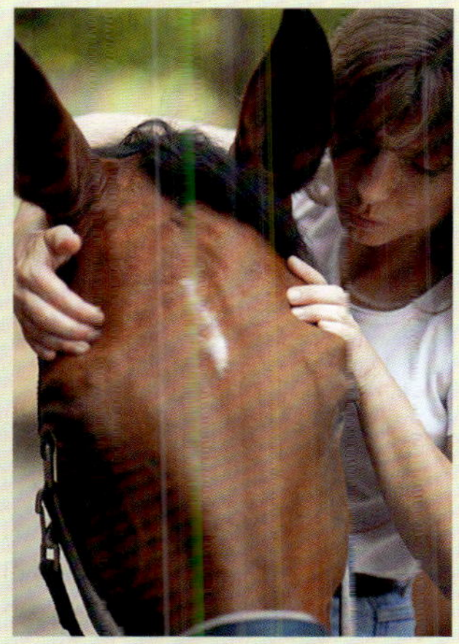

Durch den Tod ihres Pferdes Junior kam die Journalistin und Pressefotografin Martina Kiss zur Tierkommunikation (nach Carola Lind und Nadja Bacchi) und in weiterer Folge zur Tierenergetik. Sie arbeitet mit Cranio-Sacraler Ausgleichsenergie und Touch for Health für Pferde und Hunde. Ihre Spezialgebiete sind Pferdekinesiologie (Dr. Christina Fritz) und Coaching zwischen Mensch und Tier (Nadja Bacchi). Seit einigen Jahren studiert sie das Verhalten der Mensch-Pferd-Beziehung.
www.balance4animals.at

Das Pferd vor dem Gesetz
– als Nutz- oder Heimtier

von Susanne Herbrik

Die Rolle des Pferdes hat sich seit dem vergangenen Jahrhundert sehr gewandelt. Früher waren Pferde eindeutig Nutztiere, die bei Unbrauchbarkeit beim Schlachter endeten. Seit der Mensch nicht mehr zwingend auf die Arbeitsleistung des Pferdes angewiesen ist, hält man sich Pferde überwiegend für den Sport oder als Freizeitpferd. Gerade in den letzten Jahren werden in vielen Ländern Pferde zunehmend als Familienmitglieder betrachtet. Das bedeutet nicht zwangsläufig, dass sie vor dem Gesetz auch als Heimtiere behandelt werden. Warum kann dieser Umstand für den einzelnen Tierbesitzer eine Bedeutung haben?

shutterstock: MindStorm

Christiane Slawik

adobestock

Der Equidenpass gibt Auskunft über Impfungen und Medikamentengabe und damit über die Verwendung als Schlachttier oder Nichtschlachttier. *Foto: Meike Bölts*

Es beginnt mit der Gesetzgebung in der EU. Die EU, die als oberster Gesetzgeber die gesetzlichen Rahmenbedingungen im Tierseuchenrecht und im Tierarzneimittelrecht vorgibt, sieht Pferde immer noch als primär Lebensmittel liefernde Tiere und besteht auf deren Nutztierstatus. Die Tatsache, dass Pferde in den einzelnen EU-Staaten ganz unterschiedliche Stellenwerte haben, wird dabei nicht berücksichtigt. Der Nutztierstatus des Pferdes wird in der EU-Verordnung 1069/2009 festgelegt. In dieser Verordnung wird definiert, wann ein Tier als Heimtier oder Nutztier gilt. Kurz gesagt, alle Tiere, die zur Freude des Menschen gehalten werden, sind Heimtiere. Wobei Heimtiere nicht zwingend mit dem Menschen unter einem Dach leben müssen. Es genügt, dass sie einen engen Bezug zu ihren Menschen haben. Alle, die zur Erzeugung von essbaren Lebensmitteln gehalten werden, sind Nutztiere. Der Arbeitseinsatz eines Tieres, sei es als Diensthund oder Sportpferd, hat auf diese Zuordnung keinen Einfluss. Viele Pferdebesitzer würden dieser Definition zufolge ihr Pferd natürlich als Heimtier sehen. Genau dies verhindert der EU-Gesetzgeber, indem Equiden in besagter Verordnung ausdrücklich den Nutztieren zugeordnet werden.

Der Equidenpass

Im Jahr 2000 wurde der Equidenpass aus Gründen des Verbraucherschutzes eingeführt. Jedes Pferd soll mithilfe dieses Passes identifizierbar sein, und die Medikamente, die es erhalten hat, sollen im Fall einer Schlachtung rückverfolgbar sein. Ist ein Pferd als Nutztier zum Beispiel als Schlachtpferd eingetragen, müssen die erhaltenen Medikamente im Equidenpass und in einem Bestandsbuch dokumentiert werden. Ist es als Nichtschlachtpferd deklariert, erspart man sich und den Tierärzten einiges an lästigem Papierkram. Tierärzte müssen nämlich bei Schlachtpferden den Mehraufwand mit dem Medikamenteneintrag in den Equidenpass leisten. Das kann kostenpflichtig sein. Oder sie behandeln keine Schlachtpferde.

Aber selbst als „Nichtschlachtpferd“ im Equidenpass bleibt ein Pferd immer noch ein Nutztier, weil sich dieser Eintrag nur auf das Arzneimittelrecht bezieht (Quelle: Korrespondenz mit dem BMEL). Denn auch Nichtschlachtpferde dürfen geschlachtet werden, nur eben nicht für den menschlichen Verzehr.

Ob die EU mit der Einführung des Equidenpasses den Therapienotstand für Pferde beenden wollte, sei dahingestellt. Vor der Einführung dieses Gesetzes durfte nämlich das Familienpony, das nie zur Schlachtung vorgesehen war, genauso wie Rind oder Schwein, nur mit den für Schlachttiere zugelassenen Medikamenten behandelt werden. Allerdings waren deren Auswahl und damit die Therapiemöglichkeiten ziemlich begrenzt. Immerhin hat die EU damit eingestanden, dass nicht jedes Pferd ein Fleischlieferant ist. Für manche Tierarten gibt es ein Schlachtverbot. Seit 1936 ist es in Deutschland aus „hygienischen Gründen“ gesetzlich verboten, das Fleisch von Hunden und Katzen zur Lebensmittelerzeugung zu gewinnen und in den Verkehr zu bringen. Zuvor war es für den Gesetzgeber jahrzehntelang nicht nachvollziehbar, warum es ausgerechnet für sie ein Schlachtverbot geben sollte. Erst mit der Argumentation der

Hygiene ließ sich das Schlachtverbot schließlich durchsetzen. In den meisten europäischen Ländern ist es ähnlich geregelt.

Steuern

Auch beim Pferdekauf wird eine Mehrwertsteuer fällig. Für Nutztiere gilt der ermäßigte Steuersatz von 7 % MwSt. Dies galt früher ebenso für Pferde, weil sie als Lebensmittel liefernde Tiere gelten. Nun wurde von Stellen in der EU im Jahr 2011 festgestellt, dass viele Pferde ja gar nicht in die Schlachtung gehen, sondern hauptsächlich für den Sport oder als Hobby gehalten werden.

Wegen der ermäßigten Mehrwertsteuer hat die EU-Kommission vor dem europäischen Gerichtshof unter anderem gegen Deutschland Klage erhoben und Recht bekommen (Quelle: EuGH vom 12.05.2011, Az.: C-453/09). Das Ergebnis war, dass der ermäßigte Mehrwertsteuersatz von 7 % für Pferde nur noch dann gilt, wenn das Pferd zur Schlachtung oder Erzeugung landwirtschaftlicher Produkte genutzt wird. Seit 2012 sind beim gewerblichen Kauf eines Pferdes, zum Beispiel eines Sportpferdes vom Züchter, die vollen 19 % MwSt. zu bezahlen.

Die Pferdesteuer

Sie ist in diesem Fall keine Schöpfung der EU, sondern von Kommunen mit klammen Kassen im Rahmen des sogenannten Steuerfindungsrechts. Dieses Steuerfindungsrecht ist innerhalb gewisser Grenzen zulässig.

2013 wurde von der hessischen Gemeinde Bad Sooden-Allendorf zum ersten Mal die Pferdesteuer erhoben. 2015 wurde die Pferdesteuer vom Bundesverwaltungsgericht für rechtens erklärt (Quelle: BVerwG vom 18.08.2015, Az.: 9 BN 2/15). Damit dürfen neben Hunden auch Pferde als einzige Tierart besteuert werden. Während die Hundesteuer eine Lenkungssteuer ist, um die Hundehaltung zu verteuern und somit ihre Anzahl zu limitieren, gilt die Pferdesteuer als nicht zweckgebundene Luxussteuer. Von der Steuer befreit sind Pferde, die für den Haupterwerb gehalten werden, gegebenenfalls auch nicht mehr reitbare Gnadenbrotpferde. Hingegen gelten alle Pferde, die als Hobby gehalten werden, als Luxus, den man nicht zum Leben braucht. Selbst der Eintrag im Equidenpass als Schlachtpferd, also gemäß EU-Recht Nutztiere, befreit laut FN nicht von dieser „Luxussteuer".

Versicherung

Im Haftungsrecht gibt es den Begriff Nutztier im Sinne der EU nicht. Es wird unterschieden, ob ein Tier gehalten wird, um dem Beruf, der Erwerbstätigkeit oder dem Unterhalt des Tierhalters zu dienen, oder ob es ein Hobbytier ist. Demnach ist nicht nur das Schulpferd ein Tier im Rahmen der Berufstätigkeit, sondern auch der Diensthund. Für welchen Zweck ein Tier gehalten wird, bestimmt, ob man für den Schaden, den es anrichtet, zu haften hat. Bei beruflich gehaltenen Tieren gilt die Verschuldungshaftung. Richtet ein beruflich gehaltenes Tier einen Schaden an, muss der Tierhalter nicht haften, wenn er nachweisen kann, dass er es ordnungsgemäß beaufsichtigt hat. Der Grund ist, weil diese Tiere der Allgemeinheit dienen.

Pferde, die zur eigenen Freude, aber auch zu Sportzwecken gehalten werden, gelten als Luxustiere. Für sie gilt die Gefährdungshaftung. Richten sie einen Schaden an, muss der Besitzer grundsätzlich haften, auch ohne eigenes Verschulden. Der Grund ist, weil von ihrer bloßen Existenz eine Gefahr ausgeht (Quelle: BGB § 833, eigene Internetrecherche). Wider Erwarten sind die Versicherungsbeiträge für Luxuspferde nicht unbedingt höher als für Nutzpferde. Angebote der unterschiedlichen Anbieter haben gezeigt, dass ein eindeutiger Vergleich kaum möglich ist, da der Versicherungsschutz bei den Luxuspferden individuell angepasst wird.

Der letzte Weg – Krematorium oder Tierkörperverwertung?

Nun kommen wir zu dem Thema Tod, der sehr wohl für jeden einzelnen Pferdehalter ein durchaus emotionales Thema ist und der mitunter auch ein Trauma hinterlassen kann. Trotz aller gesetzlichen Definitionen ist das Pferd im Lauf der Jahre immer mehr zu einem Familienmitglied geworden, das man nach seinem Ableben nicht mehr der Tierkörperverwertung (TKV) überlassen, sondern in Würde bestatten möchte. Das ist kein Phänomen unserer Zeit, denn Pferdebestattungen gab es nachweislich schon in der Bronzezeit. Heutzutage kommt dafür im dicht besiedelten Europa in der Regel nur eine Feuerbestattung infrage. Dem Wunsch nach einem würdigen Abschied steht die gesetzliche Regelung entgegen, dass Nutztiere aus Seuchenschutzgründen beseitigungspflichtig und somit der Tierkörperverwertung zu überlassen sind.

Den letzten Weg wollen die Tierbesitzer ihrem geliebten Pferd würdevoll gestalten, was mitunter an einer komplizierten Gesetzeslage scheitern kann. *Foto: Christiane Slawik*

So gesehen gehört der Körper eines Nutztieres nach dessen Ableben nicht mehr dem Besitzer, sondern der TKV als Beseitigungspflichtigem. Dies ergibt sich wiederum aus Verträgen der Veterinärämter mit den TKV (Quelle: Korrespondenz mit privater TKV). Bevor die besagte EU-Verordnung 1069/2009 in Kraft getreten ist, war es möglich, das Familienpferd den Heimtieren zuzuordnen und somit der Beseitigungspflicht zu entziehen.

Genau dies taten die Niederländer, indem sie in ihrer nationalen Gesetzgebung das Pferd zum Heimtier erklärten und dadurch den Weg für die Inbetriebnahme der ersten Pferdekrematorien im Jahr 2007 frei machten. Danach wurden dort jahrelang auch Pferde aus Deutschland und anderen EU-Ländern eingeäschert. In Deutschland selbst blieb dies weiterhin verboten, allerdings wurden die Transporte verstorbener Equiden in die Nachbarländer, wo deren Einäscherung erlaubt war, geduldet (Quelle: Korrespondenz mit Tierbestattern).

Die EU trug der vermehrten Nachfrage nach der Einäscherung für Pferde Rechnung und änderte dafür die Verordnung 142/2011. In der Begründung heißt es: Pferde bleiben weiterhin Nutztiere, aber die besondere Beziehung mancher Pferdehalter zu ihren Tieren wird berücksichtigt und deswegen wird es gestattet, Pferde in dafür zugelassenen Anlagen einzuäschern, wenn der Mitgliedstaat es erlaubt.

Voraussetzung ist, dass die einzelnen Equiden zweifelsfrei identifizierbar sind und aus seuchenfreien Betrieben kommen (Quelle: VO 1069/2009, Erwägungsgrund 8 der VO 9/2015). Gemeint sind anzeigepflichtige Seuchen, vor allem die infektiöse Anämie.

Damit waren die Voraussetzungen geschaffen, durch eine entsprechende Änderung des Tierische Nebenprodukte-Beseitigungsgesetzes ab 2017 auch in Deutschland Pferde einäschern zu dürfen. Aber im Gegensatz zu den Heimtieren benötigt man für jedes einzelne einzuäschernde Pferd die Ausnahmegenehmigung vom Veterinäramt des Landkreises, in dem das Pferd verstirbt. Der Gesetzgeber begründet den Genehmigungsvorbehalt, den es so in keinem anderen EU-Staat gibt, mit Seuchenschutz (Quelle: mail BMEL; Internetauftritte europäischer Pferdekrematorien).

Gesetz und Pflicht

Ein totes Pferd ist also weiterhin beseitigungspflichtig. Das zuständige Veterinäramt kann es durch eine Ausnahmegenehmigung davon befreien, wenn es durch Verbrennung im Krematorium „unschädlich beseitigt“ wird. Das EU-Recht verlangt zwar keinen Genehmigungsvorbehalt, aber im Rahmen des regulatorischen Spielraums ist es einem Mitgliedstaat erlaubt, eine solche bürokratische Hürde in der Gesetzgebung zu verankern (Quelle: Antwort Petitionsausschuss 22.09.2016).

Der Besitz eines Equidenpasses ist Pflicht. *Foto: Meike Bölts*

Die Tatsache, dass verstorbene Pferde bei Transport und Einäscherung durch den Tierbestatter tierseuchenhygienisch genauso korrekt behandelt werden wie bei der Abholung durch die TKV und dass deren Betrieb behördlich überwacht wird, findet in der Gesetzgebung keine Beachtung (Quelle Gutachten Dr. Göck).

Eine Ausnahmegenehmigung gibt es nur, wenn der Tierarzt bescheinigt, dass rein äußerlich kein Anhalt für eine anzeigepflichtige Tierseuche besteht, wenn ein Equidenpass vorhanden ist und die Pferdehaltung, auch privat hinter dem Haus, beim zuständigen Veterinäramt angezeigt wird. Manche Ämter verlangen zusätzlich die Tierseuchenkassennummer. Erwähnenswert ist, dass im Gesetzestext des Tierische Nebenprodukte-Beseitigungsgesetzes keine konkreten Voraussetzungen formuliert sind, wann und wie schnell die Genehmigung zu erteilen ist (Quelle: Gesetzestext TierNebG § 4 Abs. 2).

Heutzutage wird zwar in der Regel die Genehmigung erteilt, aber das nimmt auch werktags Zeit in Anspruch; an Wochenenden und Feiertagen ist die Behörde geschlossen. Wird die Genehmigung verweigert, dann hauptsächlich wegen fehlendem Equidenpass. Das passiert auch dann, wenn man zum Beispiel ein uraltes Pony anhand seines Impfausweises zweifelsfrei identifizieren könnte (Quelle FB Eintrag Tierbestattung Beyers 10.07.2020). Obwohl es in keinem Gesetzestext formuliert ist, dass Equiden für die Genehmigung nur mittels Equidenpass identifiziert werden dürfen.

Im Fall einer Verweigerung könnte man versuchen, sich beim Landrat zu beschweren. Aber letztendlich bleibt nur der Rechtsweg, das heißt, Rechtsschutz beim zuständigen Verwaltungsgericht im Eilverfahren zu suchen. Leider arbeitet die Zeit dagegen.

Grundrechte

(Quelle: Kurzstellungnahme Frau Rechtsanwältin Kohlstedt)

Verletzt wird das Recht auf Gleichheit (Art. 3 Abs. 1 GG):

Kleintierbesitzer dürfen frei über den Verbleib ihres verstorbenen Tieres entscheiden, Pferdebesitzer müssen einen erhöhten Aufwand betreiben und sind auf das Wohlwollen der Behörde angewiesen. Die Genehmigung kann verweigert werden mit der Konsequenz der Zwangsentsorgung. Das ist zudem unverhältnismäßig, da Seuchen sehr selten vorkommen.

Verletzt wird die Rechtsschutzgarantie (Art. 19 Abs. 4 GG), das heißt der effektive gerichtliche Rechtsschutz gegen rechtsverletzende Akte der öffentlichen Gewalt. Das liegt daran, dass man den Körper des Pferdes bis zur gerichtlichen Entscheidung selbst in einem Kühlraum nicht unbegrenzt lange lagern kann. Weiter werden Pferdebesitzer in ihrer allgemeinen Handlungsfreiheit (Art. 2 Abs. 1 GG) als auch in ihrer Eigentumsfreiheit (Art. 14 Abs. 1 S. 1 GG) verletzt.

Eine Verfassungsbeschwerde ist erst dann möglich, wenn alle rechtlichen Schritte ausgeschöpft sind. Aber bis man sich durch alle Instanzen geklagt hat, ist das geliebte Pferd schon längst den üblichen Weg in die Tierkörperverwertung gegangen.

Gesetzlich muss ein totes Pferd abtransportiert und beseitigt werden, dabei sind die Pferdebesitzer auf die wohlwollende Kooperation der Behörden angewiesen, denn im Gegensatz zum Kleintierhalter dürfen sie nicht frei über den Verbleib des Tierkadavers entscheiden. Notfalls muss dieser „zwangsentsorgt" werden. *Foto: Christiane Slawik*

Fazit

Die EU ist sich natürlich darüber im Klaren, dass längst nicht jedes Pferd geschlachtet wird. Trotzdem wird die Entwicklung der letzten Jahrzehnte, dass Pferde immer mehr als Heimtiere gesehen werden, nicht wahrgenommen. Selbst in Ländern wie Italien und Frankreich hat es in der Vergangenheit immer wieder Vorstöße für ein Pferdefleischverbot gegeben (Quelle: „Der Standard" 02.02.2013, Esseri Animali 11.10.2014). Zur Zeit setzt sich die Organisation Animal Equality mit ihrer Petition "Beende das Schlachten von Pferden" für ein Pferdeschlachtverbot in der EU ein.

Und finanziell gelten unsere Familienmitglieder auf vier Hufen als Nichtnutztiere. Da Pferde in der EU unterschiedlich gesehen werden, erscheint es nicht sinnvoll, sie EU-rechtlich ausschließlich als Nutztiere zu werten. Hingegen wäre es sinnvoller, wenn jeder Mitgliedstaat den Status des Pferdes selbst regeln dürfte, und zwar in allen gesetzlichen Belangen.

Die veränderte Einstellung dem Pferd gegenüber in Zahlen

Gemäß einer etwas älteren Aussage der FN sind zwei Drittel aller Pferde als Nichtschlachtpferd eingetragen. Dafür spricht auch der kontinuierliche Rückgang der Schlachtzahlen:

Deutschland
1993: 15.940 Schlachtungen
2021: 3.456 Schlachtungen
(Quelle: Statista.com 07.02.2022)

Italien
2005: 137.644 Schlachtungen
2019: 37.313 Schlachtungen
(Quelle: horse-angels-it 20.07.2020)

Dies bei gleichzeitigem Anstieg der Equidenanzahl in beiden Ländern

- In Deutschland im gleichen Zeitraum von knapp unter einer Million auf knapp über eine Million (Quelle: FN).
- In Italien von 318.136 im Jahr 2006 auf circa 400.000 im Jahr 2020.

Der Wunsch nach einem würdigen Abschied
Ende 2017 eröffnete in Deutschland das erste Pferdekrematorium, mittlerweile sind vier Anlagen in Betrieb, allesamt bei steigender Nachfrage gut ausgelastet – laut Angaben der Krematorien.

Susanne Herbrik hat als langjährige Pferdebesitzerin oft erlebt, dass Heimtiere und ihre Besitzer vor dem Gesetz bessergestellt sind als Pferde und ihre Besitzer. Dies macht sich insbesondere beim Abschied vom Pferd bemerkbar. Sie hat sich bereits mit dafür eingesetzt, dass die Kremation von Pferden in der EU grundsätzlich zulässig wurde. Aktuell arbeitet sie mit ihrer Petition darauf hin, dass der Genehmigungsvorbehalt für die Pferdekremation aufgehoben wird. Ihre künftigen Aktivitäten werden darauf abzielen, dass Pferde in der EU nicht mehr ausschließlich Nutztiere sind. Zusätzlich ist sie Mitglied in den Pferdeschutzvereinen Pferdeschutzhof Köln und Pferdefreunde Birnbaum.
www.pferdekremierung-ohne-genehmigungsvorbehalt.de

Auf das Timing kommt's an

Die richtige Hilfe zur richtigen Zeit

von Silja Schießwohl

Im Reitunterricht wird dem Reiter beigebracht, dem Pferd eine Hilfestellung zu geben. Oft ist es allerdings so, dass die Hilfe nicht wirklich ankommt und das Pferd nicht das macht, was der Reiter beabsichtigt hat. Ein guter Ausbilder weiß aber nicht nur, wie die Hilfe richtig gegeben werden sollte, sondern erkennt auch den richtigen Zeitpunkt zur Einwirkung. Denn die beste Hilfengebung nützt nichts, wenn sie zu früh oder zu spät gegeben wird.

Das Ergebnis ist sonst ein verwirrtes Pferd, das unter Umständen mehr und mehr „abschaltet". Die richtige Hilfe ist somit ein Zusammenspiel von Hineinfühlen, richtigem Zeitpunkt und korrekter Einwirkung, wodurch die Kommunikation zwischen Reiter und Pferd klar und logisch wird.

In der Reithalle sehen wir ein Reitpony im Arbeitstrab. Die Reiterin reitet auf dem Zirkel und versucht dabei, das Pferd – so wie man es ja immer hört – „um den inneren Schenkel zu biegen". Sie drückt immer wieder einige Tritte lang die Wade an, versucht damit, das Pferd innen hohl zu machen. Das Ergebnis: ein steifes Pferd auf der Kreislinie. Biegung? Fehlanzeige. Sie wundert sich, hat sie doch vermeintlich genau das gemacht, was alle sagen. Nämlich „mit dem inneren Schenkel an den äußeren Zügel treiben". Was ist falsch gelaufen?

Um Hilfen so anzuwenden, dass sie auch zu einer sinnvollen und für das Pferd umsetzbaren Einwirkung werden, braucht es mehr als das „Was". Der versierte Pferdeausbilder muss nicht nur wissen, was er tun muss, sondern auch „wie" er es umsetzen sollte. Ja, der innere Schenkel ist der biegende, um den sich das Pferd im besten Fall biegen soll (vorausgesetzt, es kann dieser Hilfe, seinem Ausbildungsstand entsprechend, überhaupt nachkommen); doch zu einer erfolgreichen Hilfengebung gehört mehr als das.

Das Hilfengebungspuzzle

Bleiben wir bei den „W-Wörtern". Für eine Hilfengebung, die dem Pferd auch wirklich hilft, braucht es also das „Was" beziehungsweise die Antwort auf die Frage: „Welche Hilfe überhaupt?" Darüber hinaus muss aber auch das „Wie" und „Wann" geklärt sein. Ich spreche in diesem Kontext gern vom sogenannten Hilfengebungspuzzle. Denn nur wenn alle Teile in einem Ganzen zusammenspielen, kann es funktionieren.

Exkurs: Welche Hilfe ist denn nun die richtige?

Genau bei dieser Fragestellung treffen Sitzschulung und gymnastizierendes Reiten zusammen. Der Reiter oder Ausbilder braucht ein Verständnis für die Grundlagen der gesunderhaltenden Gymnastizierung, um bewerten zu können, was das Pferd im jeweiligen Moment im Sattel oder vom Boden aus braucht. Um dies zu bewerten, sollte nicht nur ein Verständnis für die einzelnen Ausbildungsstufen vorhanden sein, sondern der Longenführer oder Reiter sollte auch einschätzen können, auf welcher Ausbildungsstufe sich das Pferd aktuell befindet.

Zu Beginn der Ausbildung ist das Zusammenspiel der Hilfen geringer. Die Hilfen werden isolierter gegeben. Je weiter das Pferd in der Ausbildungsleiter voranschreitet, desto umfangreicher wird auch das Zusammenspiel der Hilfen. Der Begriff „Orchester der Hilfen" passt hier wunderbar und treffend. Denn nur im aufeinander abgestimmten Zusammenspiel erfährt der Hörer oder eben das Pferd-Reiter-Paar die Harmonie. Somit steigen die Anforderungen an die Fähigkeiten des Reiters im Punkt Hilfengebung mit zunehmendem Ausbildungsniveau des Pferdes ebenfalls. Denn auch dieses differenzierte Zusammenspiel der Hilfen will gelernt sein!

Da es dafür notwendig ist, zunächst die einzelnen Hilfen (Sitz, Schenkel und Zügel) zu verstehen und umsetzen zu lernen, ist dies eines der wichtigsten Lernfelder für den Reiter. Später können die einzelnen Hilfen dann für die weitere Gymnastizierung kombiniert werden (zum Beispiel für das Zusammenspiel in den Paraden oder eben den einzelnen Lektionen).

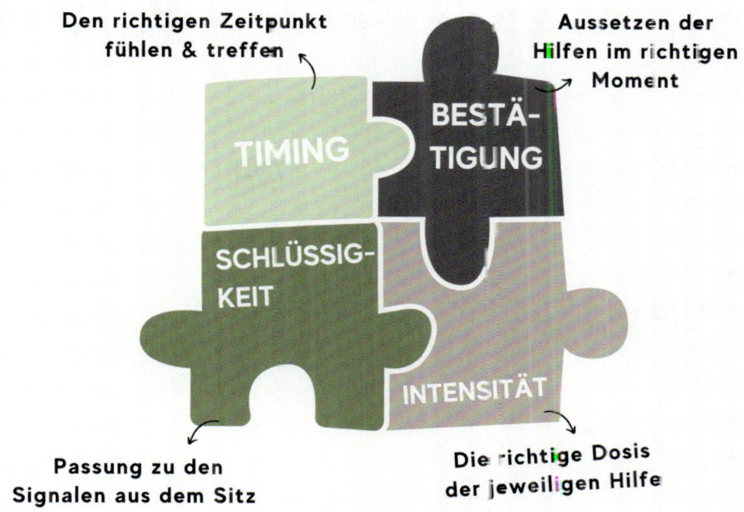

Hilfengebung besteht aus verschiedenen Aspekten, die ineinandergreifen müssen. *Grafik: Silja Schießwohl*

Setzen wir nun einmal voraus, der Reiter weiß, welche Hilfe im jeweiligen Moment gegeben werden muss – trotzdem muss er anschließend in Sekundenschnelle folgende Punkte richtig umsetzen:

- **Timing:** der richtige Zeitpunkt für die entsprechende Hilfe. Das Pferd kann der Hilfe nur nachkommen, wenn der Reiter den richtigen Bewegungsmoment erwischt. Befindet sich das jeweilige Hinterbein, auf welches beispielsweise eine treibende Schenkelhilfe wirken soll, gerade auf dem Boden, kann das Pferd die treibende Hilfe gar nicht umsetzen.
- **Intensität:** die richtige Dosis der Hilfe. Hier gilt der Grundsatz: „Fein anfangen, aber zeitnah nachhaken." Grundsätzlich kann jede Hilfe in ihrer Intensität gesteigert werden. Die Kunst ist es, die Situation intuitiv einzuschätzen und die notwendige Intensität der Hilfengebung zu treffen.
- **Bestätigung** (Aussetzen der Hilfe): der wohl wichtigste Teil der Hilfengebung. Denn nur, wenn das Pferd durch Aussetzen der Hilfen die Bestätigung erhält, dass seine Reaktion richtig war, wird es den Hilfen beim nächsten Mal engagiert nachkommen.
- **Schlüssigkeit** (Passung zum Sitz): Jede Hilfe hat ihren Ursprung in der Mittelpositur des Reiters. Wer diesen Grundsatz beachtet, wird in sich schlüssige Hilfen geben. Denn das Pferd kann die Hilfe nur dann korrekt umsetzen, wenn es keine widersprüchlichen Signale erhält.

In den Seitengängen muss das „Orchester der Hilfen“ stimmig zusammenspielen.

Foto: Miriam Bailja

Was man immer bedenken sollte: Die Schulung des sogenannten Reitergefühls ist eine Lebensaufgabe! Es ist noch kein Meister vom Himmel gefallen. Doch gerade deshalb möchte ich ins Bewusstsein rufen, dass dies eines der wichtigsten Entwicklungsfelder des Reiters oder Ausbilders ist und dass es dafür besonders eines braucht – das ist Übung! Und zwar gleichermaßen für die Hilfengebung im Sattel und vom Boden aus.

Exkurs: Nichts tun = feine Hilfen?

Das Bemühen um eine feine Hilfengebung führt häufig dazu, dass Reiter sich nicht mehr trauen, etwas zu tun. Das heißt, sie sitzen mehr oder weniger passiv auf dem Pferd oder verhalten sich auch bei der Bodenarbeit weitestgehend passiv, um das Pferd nicht zu stören. Auch wenn diese Einstellung löblich ist und dies für die Pferde mit Sicherheit besser ist, als zu viel und unkontrollierte Einwirkung, so möchte ich an dieser Stelle dennoch darauf hinweisen, dass es für gymnastizierendes Reiten oder die gymnastizierende Bodenarbeit die sinnvolle und logische Einwirkung des Reiters/Longenführers an vielen Stellen braucht. „Nichts tun" bedeutet nicht automatisch, „fein" zu sein, auch wenn das Aussetzen der Hilfen natürlich immer ständiger Begleiter ist.

Das Puzzleteil „Timing" unter der Lupe

Um das Puzzleteil des Timings greifbar zu machen, lassen sich Orientierungskriterien aufstellen. Anhand dieser kann der Pferdemensch lernen, das richtige Timing zu treffen. Die leitende Frage hierbei ist: „Woran erkenne ich, wann ich die Hilfe geben muss?" Die übergeordneten beiden Kriterien sind für mich einerseits die Aufnahmefähigkeit, also Aufmerksamkeit des Pferdes, und andererseits der Bewegungsablauf innerhalb der jeweiligen Gangart des Pferdes.

Die Aufnahmefähigkeit des Pferdes beachten

Immer wieder kann man Reiter beobachten, die das Pferd eher einer Hilfen-Dauerbeschallung aussetzen, als dass sie ein Hilfenorchester anstreben. Hilfen werden willkürlich und andauernd (anhaltend und ohne Aussetzen) gegeben. Die Mimik dieser Pferde lässt häufig darauf schließen, dass sie bereits „abgeschaltet" haben. Es fehlt beispielsweise ein aufgeschlossenes Ohrenspiel. Bei einem solchen Pferd ist die Aufnahmefähigkeit nicht gegeben.

Grundsätzlich arbeite ich gern mit dem Leitsatz: „Gib nur eine Hilfe, wenn du dir auch sicher sein kannst, dass dein Pferd zuhört und diese umsetzt." Ein Beispiel: Der Longenführer möchte das Pferd angaloppieren, aber dieses ist völlig nach außen orientiert und aktuell nur mit der „Gruselecke" des Reitplatzes beschäftigt. In diesem Moment kann der Ausbilder eigentlich kein punktgenaues, geschlossenes Angaloppieren erwarten. Die Hilfe zum Angaloppieren würde vielleicht in einem Eiligerwerden im Trab enden oder das Pferd würde diese gar nicht wahrnehmen. Hier müsste erst einmal wieder an der Ruhe und Zwanglosigkeit gearbeitet werden. Anders sieht es aus, wenn das Pferd in einem losgelassenen Trab auf der Volte geht, das innere Ohr ist bereits aufmerksam auf den Longenführer gerichtet, der lediglich die Peitsche leicht anhebt und das Pferd durch ein Schnalzen im richtigen Bewegungsmoment galoppieren lässt. Perfektes Timing.

Den Bewegungsmoment treffen

Den richtigen Moment treffen, in dem das Pferd „auf den Punkt" der Hilfe nachkommen kann – um das möglich zu machen, braucht es ein grundlegendes Verständnis, in welchem Bewegungsmoment das Pferd die Hilfe annehmen kann. Außerdem sei noch gesagt: Wie gut das Pferd die Hilfen punktgenau annehmen kann, ist immer auch eine Frage des Ausbildungsstandes und der Durchlässigkeit. Grundsätzlich kann festgehalten werden, dass die Schenkelhilfen vortreibend wirken und Zügelhilfen verhaltend wirken und diese somit den Bewegungsablauf des Pferdes unterschiedlich beeinflussen.

Um das richtige Timing zu spüren, braucht es viel Gefühl und Körperbewusstsein vonseiten des Reiters. *Grafik: Silja Schießwohl*

Überfällt der Longenführer das Pferd mit seiner fehlerhaften Einwirkung, gerät das Pferd aus der Balance. *Foto: Miriam Bailja*

Stimmen die Hilfengebung und das Timing, bleibt das Pferd trotz Einwirkung in Balance. *Foto: Miriam Bailja*

Das Timing am Beispiel der treibenden Hilfe

Möchte der Reiter oder Longenführer das Pferd vortreiben, kann er dies, wie bereits eingangs erwähnt, nur tun, wenn das jeweilige Hinterbein auch im Begriff ist, nach vorn zu schwingen. Beim Reiten spürt der Reiter dies durch ein Tiefkommen in der jeweiligen Beckenseite, verbunden mit einem Längerwerden des Beins. Das Bein kommt sozusagen „von allein" durch eine Art Pendelbewegung an den Pferdebauch, man sagt ja auch: „Das Pferd holt sich den treibenden Schenkel selbst ab." Beim Longieren kann der Longenführer den Moment des Vorschwingens des inneren Hinterbeins sehen. Dies wird begleitet durch ein Absinken der inneren Beckenseite des Pferdes – genau das, was sich beim Reiten im Sitz des Reiters spiegelt. Blickschulung beim Longieren und die Schulung des Gefühls im Sattel können also Hand in Hand gehen.

Hat's geklappt? – Wirksamkeit der Hilfengebung

Der beste Prüfstein für die Wirksamkeit der jeweiligen Hilfe ist immer die Reaktion des Pferdes. Das Pferd hat immer das letzte Wort. Bent Branderup hat den schönen Satz geprägt: „Eine Hilfe ist nur dann eine Hilfe, wenn sie auch hilft." Genau dazu möchte ich anregen zu denken: Hilfen sind keine Befehle ans Pferd, sondern eine Hilfestellung, um in den angestrebten Bewegungsablauf zu finden. Möchte man ein Pferd versammeln, sind andere Hilfen notwendig, als wenn das Pferd in lockerer Dehnung gehen soll – eben eine andere Hilfenstellung, egal ob vom Boden oder unter dem Sattel. Die leitende Frage sollte also immer sein: War meine Hilfe hilfreich?

Um zu beurteilen, ob die Hilfengebung hilfreich war, lohnt sich immer ein Blick auf die Basis. Der erste Prüfstein ist, ob die Kommunikation zwischen Mensch und Pferd (noch) funktioniert. Denn schlussendlich sind Hilfen Kommunikationsmittel. Unter Umständen war es dem Pferd aus unterschiedlichen Gründen nicht möglich, die Hilfe körperlich perfekt auszuführen, aber der Reiter oder Mensch am Boden kann erkennen, dass das Pferd bemüht war, die Hilfe zu verstehen. Beispielsweise war der Übergang vom Trab in den Schritt nicht geschlossen genug, aber das Pferd hat dennoch verstanden, dass es in den

Schritt wechseln soll – ein guter Anfang, alles Weitere darf ja noch ausgebaut werden.

Ist das Pferd bereits durchlässiger und „an den Hilfen", nimmt diese also an und kann diese auch körperlich ausbalanciert umsetzen, erkennt der geübte Reiter eine gelungene Hilfengebung im richtigen Timing auch an einer unmittelbaren Verbesserung des Sitzgefühls. Denn bei entsprechender Durchlässigkeit des Pferdes (Durchkommen der Hilfen) lässt das Pferd den Reiter besser, also ruhiger und ausbalancierter sitzen, entsprechend dem Gymnastizierungsgrad. Dies zeigt sich beispielsweise an dem bereits erwähnten tief zum Liegen kommenden Knie, einem langen Bein und einem tiefen Sitz im Schwerpunkt.

Ein wichtiger Richtwert, ob das Pferd die Hilfen annehmen konnte und diese zum richtigen Zeitpunkt gegeben wurden, ist das Erhalten der Basis im Sinne der Ausbildungsskala. Es lohnt sich zu reflektieren: Kann das Pferd trotz der Hilfe Takt, Losgelassenheit und Anlehnung beibehalten oder sogar durch die Hilfe verbessern? Dann ist wohl vieles am Boden und unter dem Sattel richtig gemacht worden.

... Und kam doch einer der genannten Punkt abhanden, dann ist dies nie ein Grund, um zu verzweifeln, sondern gemeinsamer Übungsanlass für Reiter und Pferd, eine Möglichkeit zum Lernen und (Zusammen-)Wachsen.

Übungsempfehlung

In diesem Artikel findest du einige Reflexionsfragen, die dich deine eigene Hilfengebung reflektieren lassen. Doch ist dies erfahrungsgemäß direkt während des Reitens oder während der Bodenarbeit mit dem Pferd eher eine Herausforderung. Im Rahmen des Reiterkompass-Mentorings hat sich die Arbeit mit Videos für die Selbstreflexion sehr bewährt. Wenn du dein eigenes Tun in Videoform siehst, erkennst du Fehler (und natürlich auch Erfolge) viel deutlicher und kannst auf diese Themen dann erfahrungsgemäß beim nächsten Mal viel besser achten.

Mein Tipp: Filme eine komplette Einheit mit deinem Pferd (egal ob vom Boden oder unter dem Sattel) und reflektiere beim Anschauen im Anschluss folgende Fragen anhand des Videomaterials:

- Setze ich die Hilfen im richtigen Moment (bei Reaktion des Pferdes) aus?
- Lobe ich genügend?
- Treffe ich beim Treiben den richtigen Bewegungsmoment?
- Gebe ich die Hilfen nach dem Grundsatz „So viel wie nötig, aber so wenig wie möglich"?
- Welche Hilfen sollte ich in Zukunft besser dosieren/besser timen?

44 goldene Regeln für faires Reiten
Ausbalancierter Sitz, feine Hilfen, sinnvolle Gymnastizierung
von Silja Schießwohl
96 Seiten, 17 cm x 21 cm, farbige Abbildungen
ISBN: 978-3-95847-027-9
€ 19,90 (D)

Mehr dazu noch im rideucation-Podcast:
https://rideucation.de/saddle-up-der-podcast/

Silja Schießwohl stellte fest, dass das Thema „Sitz und Hilfengebung" vielerorts zu kurz kommt und dass ambitionierte Freizeitreiter sich intensive Begleitung bei der Verbesserung ihrer Kommunikation mit ihrem Pferd wünschen, selbst wenn sie keinen geeigneten Reitlehrer vor Ort haben. Sie ist Host des Podcasts „Saddle Up" und hat darüber hinaus mit dem „Reiter-Kompass-Mentoring" eine umfangreiche Online-Begleitung geschaffen, in der jeder Teilnehmer individuell in den Themen Sitz, Hilfengebung und gymnastizierendes Reiten betreut wird. Auf ihrer Homepage findet man einen kostenlosen Sitz-Check zum Download.
www.rideucation.de

Leckerli – ja, nein, vielleicht ...

Wie sinnvoll sind sie?

Interview mit Nina Steigerwald (Steigerwald T. Medical Trainer)
Hans-Jürgen Neuhauser (HJN-Reiten)
und Yve Ehler-Klatte (equi-delta®)

von Martina Kiss und Nadja Müller

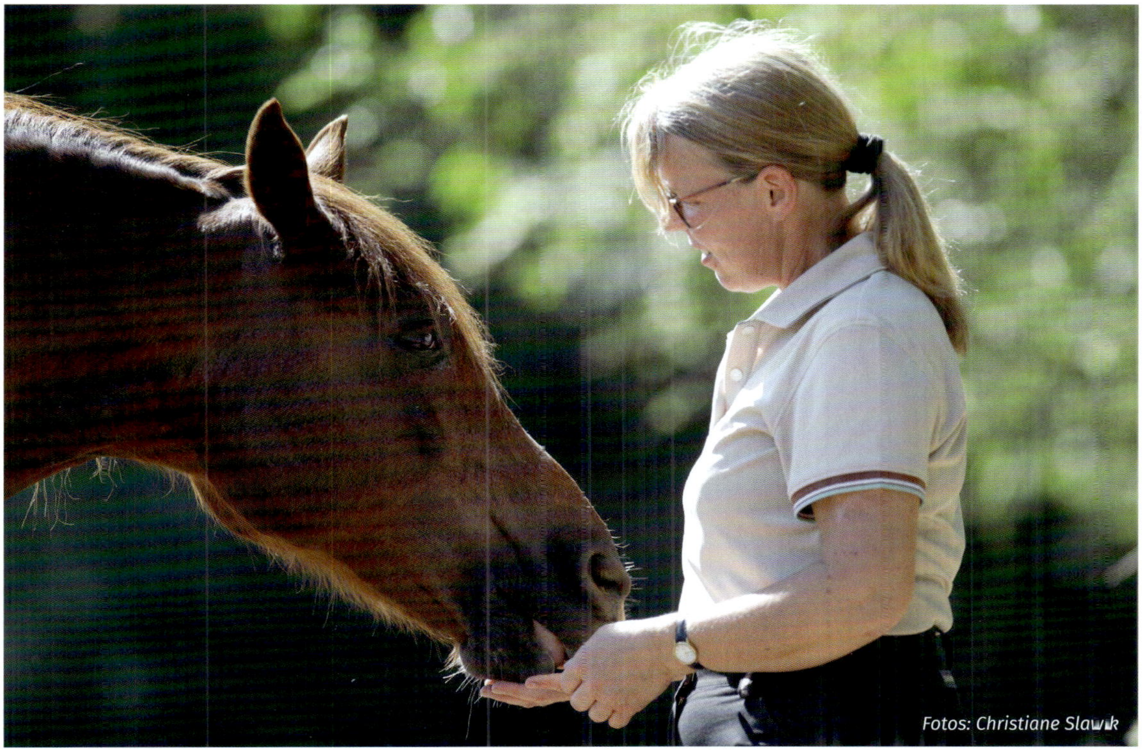

Fotos: Christiane Slawik

Die Fütterung von Leckerli ist für viele etwas fast Selbstverständliches. Man möchte sein Pferd belohnen, weil man es motivieren will, weil es etwas gut gemacht hat. Aber es gibt noch einen anderen Aspekt: weil man will, dass das Pferd uns gern haben soll, oder weil wir es auf unsere Seite bringen wollen. Leckerlibelohnung ist in den Stallgassen schon mehr Routine als diskussionswürdig. Fast jeder Pferdeliebhaber bringt seinem Pferd einen schönen Leckerbissen mit – ob als saftige Mohrrübe oder in Pelletsform mit Apfelaroma. Die Intension des Menschen bezüglich der Leckerlifütterung füllt auf Messen ganze Hallen und im Internet ganze Shops voll Leckerli – von bunt bis gesund. Umso mehr stellt sich die Frage: Wie sinnvoll und pferdegerecht sind Belohnungshappen im Training? Natural Horse hat mit Nina Steigerwald, Hans-Jürgen Neuhauser und Yve Ehler-Klatte über die Pros und Kontras zur Leckerlifütterung gesprochen.

NST: Nina Steigerwald, HJN: Hans-Jürgen Neuhauser, YEK: Yve Ehler-Klatte; NH: Natural Horse

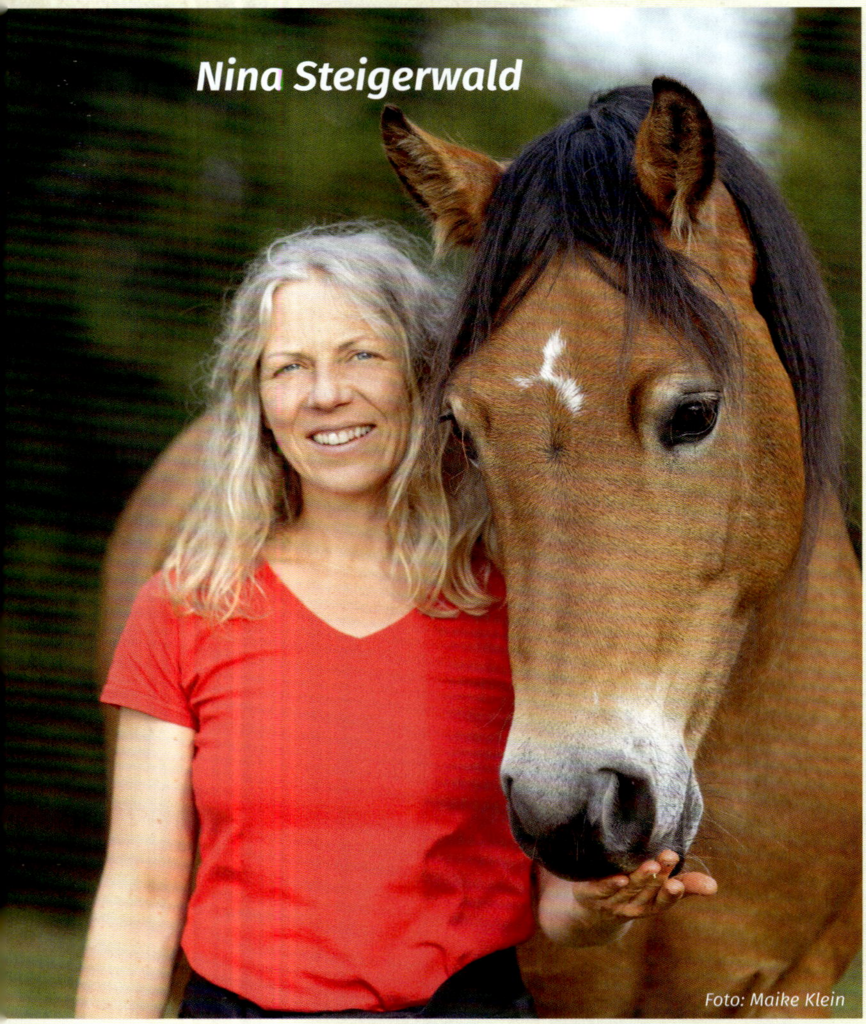

Foto: Maike Klein

NH: Nina Steigerwald, Sie füttern Leckerli – warum, und wo liegen die Vorteile?
NST: Die Vorteile liegen im freudigen Lernen, die Pferde sind frei und freiwillig bei der Sache. Das Miteinander hat als Basis eine positiv ausgerichtete Grundstimmung, in der ich als Mensch vor allem auf das Gute achte, was ich bei meinem Pferd belohnen will.

NH: Sehen Sie in der Leckerlifütterung auch Nachteile?
NST: Der Mensch muss sehr an sich arbeiten und ein vernünftiges Timing haben. Unterbleibt das, erzieht er sich ein „Keksmonster". Figurprobleme sind zwar sehr verbreitet, dem kann man aber über die Wahl der Belohnung entgegenwirken.

NH: Für wen eignen sich Leckerli beziehungsweise wer sollte sie im Training einsetzen?
NST: Jeder, der sich mit einem bedürfnisorientierten Umgang mit seinem Gegenüber auseinandersetzt, kommt an den Punkt der Motivation durch die Gabe eines Verstärkers, in diesem Fall Futter.

NH: Wann sollte man Leckerli konkret einsetzen?
NST: Immer nur in Situationen, in denen dein Pferd genau das tut, was du gern von ihm hättest.

NH: Was ist wichtig, wenn man Leckerli einsetzt?
NST: Elementar ist es, das Futter durch ein Geräusch anzukündigen. Hierfür bietet sich der Gebrauch eines sogenannten sekundären Verstärkers an. Ich nutze meist einen Clicker oder einen Zungenclick. Erst dann bewegt sich meine Hand mit dem Futter zum Pferdemaul. Füttert man ohne einen „Ankündiger", erzieht man sich Bettler oder Raubritter.

NH: Sehen Sie die Schwierigkeiten beziehungsweise Gefahren, wenn Leckerli eingesetzt werden?
NST: Mit Futter in falschen Momenten kann das bravste Pferd zum Beißer „erzogen" werden. Das liegt aber weder am Pferd noch am Futter, sondern an dessen falschem Einsatz seitens des Menschen.

NH: Gibt es Pferde, die besonders von Leckerli profitieren?
NST: Gerade Pferde mit traumatischen Erfahrungen sind dankbar dafür, nicht mehr nur reaktiver Befehlsempfänger zu sein. Der Prozess „Meine eigene Aktion führt zum Erreichen von angenehmen Konsequenzen" ist durch das Erleben von Selbstwirksamkeit Balsam für deren Seele.

NH: Wie können Leckerli im Training den Pferden mental und psychisch schaden?
NST: Jedes Pferd nimmt Schaden, wenn es falsch mit Futter gearbeitet wird. Sei es der Frust, wenn der Mensch sehr willkürlich in seiner Futtergabe ist, oder das Erlernen von Untugenden wie Drängeln oder Zwicken.

NH: Leckerli erzeugen Stress im Training – Ihre Meinung dazu?
NST: Definitiv. Das gilt aber nur für unsachgemäße Anwendung. Deswegen sollte sich jede/-r zumindest mit den Grundlagen der Lerntheorie vertraut machen, sein Timing überprüfen und mit seinem Pferd als Basis Höflichkeitstraining machen.

NH: Leckerli sind unschlagbare Motivatoren im Training – wie stehen Sie zu dieser Aussage?
NST: Kann ich zu 100 Prozent unterschreiben. Ich habe zwei Jahrzehnte recht erfolgreich ohne Futter trainiert und bin jetzt nach fast zwei Jahrzehnten mit Futter bei der Arbeit immer noch entzückt von der Freude und dem Engagement, mit dem meine Ponys und die Ponys meiner SchülerInnen mit uns arbeiten.

Foto: Maike Klein

NH: Kann man dem Pferd überhaupt etwas Gleichwertiges als Motivator anbieten?

NST: Das hängt von den sogenannten Motivating Operations wie Sättigungsgrad, Wertigkeit des Futters, Nähe zur Herde, Müdigkeit, körperliche Auslastung oder Verfassung ab. Zum Beispiel freuen sich Pferde im Fellwechsel oft mehr über ein Kratzen oder Kraulen als über ein Stück Mohrrübe. Aber in der Alltagspraxis gibt es nichts Besseres.

NH: Gibt es Situationen, in denen Sie als Leckerli-Befürworter eine Ausnahme machen würden? Wenn ja, welche und warum?

NST: Wenn der Mensch innerlich zu viele Widerstände gegen den Einsatz von Futterlob hat und den Anspruch pflegt, „Das Pferd soll für mich und nicht für das Futter arbeiten", wird schwerlich etwas Gutes dabei herauskommen. Dann sollte man lieber einfach so weiterarbeiten wie gehabt. Bei zu gierigen Pferden hilft Unterricht bei einem Profi in Clickertraining, damit das Pferd solide Grundlagen der Höflichkeit erlernt. Ich selbst arbeite jedes Pferd ausnahmslos mit Futterlob.

NH: Haben Sie ein Beispiel aus Ihrem Traineralltag, das die Vorzüge von Leckerli illustriert?

NST: Eine Stute wehrte sich selbst unter der Sedierung stark beim Zahnarzt, der aufgrund von Problemen aber häufig an die Zähne musste. Mit Training hat sie freiwillig das Maul geöffnet, um die Besitzerin die Zahnzwischenräume reinigen zu lassen. Vor allem beim Medical Training, bei dem wir Pferde fair und freundlich auf die manchmal tatsächlich schmerzhaften Prozeduren vorbereiten, zeigt sich ganz klar, dass selbst schwierige Pferde vertrauensvoll kooperieren. Selbst Spritzenphobiker lassen sich ruhig und entspannt die Kanüle in die Vene schieben, und zwar nicht, weil sie aufgegeben haben, sondern weil es sich für sie lohnt und sie in freudiger Erwartung auf die angenehmen Konsequenzen sind.

NH: Eignen sich Leckerli für bestimmte Trainingsformen oder Übungen besser als für andere? Wo sind sie Ihrer Meinung nach besonders wertvoll?

NST: Ich setze Futter gern beim gymnastizierenden Geräteturnen ein, vor allem auf den Pferdewippen. Hier geht es um ungewohnte Bewegungsmuster und feine, kleine Bewegungen. Die Kommunikation mit Clicker und Futter ermöglicht dem Pferd viel eher zu verstehen, was der Mensch eigentlich von ihm will. Futterlob ist im Medical Training besonders hilfreich, da körperliche Eingriffe an sich erst einmal natürliche Abwehrreaktionen hervorrufen. Mit schlau eingesetztem Futter lernen die Pferde, ihre Impulse zu kontrollieren. Das dient der Sicherheit und Entspannung von allen Beteiligten.

NH: Was verpassen Menschen, die ohne Leckerli trainieren?

NST: Das gute Gefühl, seinem Partner Selbstwirksamkeit zu ermöglichen und die Bedürfnisse des Pferdes in den Vordergrund zu stellen.

Nina Steigerwald ist Pferdephysiotherapeutin und hat sich dem Training mit positiver Verstärkung verschrieben. Sie besucht regelmäßig Fortbildungen bei Viviane Theby und Tiertrainern wie Bob Bailey, Ken Ramirez und ist Mitautorin von Büchern und DVDs über Clickertraining.

Seit 2014 unterrichtet sie Tiertrainer aus allen Sparten mit dem Konzept der Chicken-Camps in operanter Konditionierung. Auf Hof Steigerwald findet die Ausbildung zum Trainingsspezialisten Pferd und seit 2019 die Ausbildung zum Steigerwald.T Medical Trainer statt. Mit ihrem Mann entwickelt und optimiert sie qualitativ hochwertige Pferdewippen.
www.steigerwald-t.de

Hans-Jürgen Neuhauser

Foto: Isabel Packeisen

NH: Hans-Jürgen Neuhauser, Sie lehnen Leckerli im Training ab. Warum?
HJN: Wir arbeiten weitestgehend konditionierungsfrei. Bei uns fungiert das Pferd als Spiegel der eigenen Bewegung und wird in dieser Funktion von uns ernst genommen und wertgeschätzt. Dies bedeutet, dass wir an uns arbeiten – mit dem Pferd zusammen, aber eben an unserer Eigenwahrnehmung. Im Rahmen unserer HJN-Körpersprache-Seminare erlernen Menschen, sich so zu bewegen, dass das Pferd versteht, was es wie tun soll, ohne erst darüber nachdenken zu müssen. Es geht darum, ein echtes Vertrauensverhältnis aufzubauen, das weit über das Normale hinausgeht, und das Pferd mental und physisch in sein Potenzial zu bringen. Wir leben nach dem Motto: Wer sich ein Schnitzel um den Hals hängen muss, damit wenigstens sein Hund mit ihm spielt, der sollte an sich arbeiten.

NH: Welche Nachteile sehen Sie außerdem in der Leckerlifütterung?
HJN: Oft sind die Pferde nur auf die Leckerli fixiert, sodass keine ehrliche Kommunikation zwischen Mensch und Pferd stattfindet. Vielmehr spulen die Pferde künstlich antrainierte Bewegungen ab, um ein Leckerli zu erlangen. Trainingsphysiologische und dynamische Bewegungsabläufe und deren Kombinationen, die für eine sinnvolle Pferdeausbildung nötig sind, lassen sich nicht durch Leckerli erreichen.

NH: Sehen Sie irgendeinen Nutzen von Leckerli im Training? Wenn überhaupt, wer sollte sie einsetzen und wann?
HJN: In der Ausbildung von Sport- und Freizeitpferden sehe ich keinen Nutzen von Leckerli. In anderen Bereichen, wie zum Beispiel der Hippotherapie und dem therapeutischen Reiten, ist es sinnvoll, Pferde mithilfe von Leckerli zu konditionieren. Ebenso können sie als unterstützende Maßnahme bei traumatisierten Pferden als Ablenkung in Angstzuständen, beim Verladen, beim Tierarzt, eingesetzt werden. Bei Zirkuslektionen und Konditionierung geht es ohne Leckerli in der Regel nicht.

NH: Wo sehen Sie die Schwierigkeiten beziehungsweise Gefahren, wenn Leckerli eingesetzt werden?
HJN: Die größte und leider schon oft erlebte Gefahr besteht darin, die Pferde zum Beißen und Schnappen zu animieren. Die Leckerligabe aus der Hand erzeugt sehr oft eine Distanzlosigkeit des Pferdes, die häufig mit einer Bestrafung einhergeht, da genau dieses Verhalten vom Menschen unerwünscht ist.

NH: Wie können Leckerli im Training den Pferden mental und psychisch schaden?
HJN: Pferde kommunizieren untereinander unter anderem über Körpersprache. Wenn aber die verbalen Kommandos des Menschen und seine Bewegungsabläufe sowie Positionierungen sich widersprechen, erzeugen sie Verunsicherungen des Pferdes, die wiederholt eine große Frustration hervorrufen können. Deshalb lehren wir die HJN-Körpersprache, die jedes Pferd auf der Welt sofort versteht und nicht erst erlernen muss. So fasst das Pferd Vertrauen und wird motiviert, weil es nicht für die Kommunikationsfehler des Menschen korrigiert oder bestraft wird. Es entsteht vielmehr ein echter Dialog, an dem das Pferd aktiv teilnimmt.

NH: Leckerli erzeugen Stress im Training – Ihre Meinung dazu?
HJN: Die häufige Leckerligabe erzeugt automatisch eine antrainierte Erwartungshaltung des Pferdes, die unerfüllt bleibt, weil es das Leckerli erwartet, aber doch nicht bekommt. Deshalb stellt es eine sogenannte negative Bestrafung des Pferdes dar. Dies ist natürlich ein negativer Stress, wirkt demotivierend für das Pferd und kann in Forderung und Aggression umschlagen.

NH: Leckerli sind unschlagbare Motivatoren im Training – wie stehen Sie zu dieser Aussage?
HJN: Meiner Ansicht nach sind Leckerli reine Bestechung und Manipulation des Pferdes. HJN-Reiten steht vielmehr für: „Ab dem Augenblick, in dem ein Pferd dahin gehen will, wohin auch ich gehe, kann ich mit dem Ausbilden beginnen und keine Sekunde früher.“ Aufmerksamkeit, Achtung und Respekt sind für uns eine Bringschuld und keine Holschuld. Wir müssen es dem Pferd wert sein, dass es sich im wahrsten Sinne des Wortes gern und freiwillig für uns verbiegt. Damit haben wir eine echte Motivation.

Foto: HJN-Reiten

NH: Training ohne Leckerli – was kann man dem Pferd Gleichwertiges als Motivator anbieten?
HJN: Das Pferd benötigt grundsätzlich Licht, Luft, Bewegung (Koppel), Heu, Gras, Wasser und andere Pferde. Zudem bieten wir dem Pferd durch die HJN-Körpersprache einen Dialog (das Pferd als Spiegel der eigenen Bewegung) und keinen Monolog. Nach unserem Training fühlt sich das Pferd fitter und wohler als vor dem Training. Außerdem erfährt das Fluchttier Pferd darüber ein hohes Maß an Sicherheit und Schutz. Das ist weitaus motivierender als ein Leckerli.

NH: Haben Sie ein konkretes Beispiel aus Ihrem Traineralltag, wie Sie ohne Leckerli erfolgreich waren beziehungsweise das Ihre Ablehnung bestätigt?
HJN: Bei jedem Seminar, an dem fremde Pferde teilnehmen, zeige und beweise ich, dass eine wirkliche, echte Verbindung zwischen Mensch und Pferd durch die HJN-Körpersprache möglich ist, in der sich Pferde wiedererkannt und verstanden fühlen. Es kommen häufig verhaltenskreative beziehungsweise aggressive Pferde zur Korrektur zu uns, bei denen es mehr als gefährlich wäre, eine Leckerligabe aus der Hand anzubieten. In der ARTE-Dokumentation „Das Geheimnis der Pferdesprache“ habe ich gezeigt, dass ich sowohl mit ehemals wild lebenden Mustangs in Wyoming als auch mit zwei aggressiven Hengsten des Scheichs von Sharjah in den Vereinigten Arabischen Emiraten nach nur wenigen Trainingseinheiten ein sichtbares und tragfähiges Vertrauensverhältnis aufbauen konnte. Beispiele: Nach wenigen Trainingseinheiten konnte ich als erster Mensch die Mustangstuten berühren, ohne dass sie in einem Zwangsstand gefangen waren. Der aggressive Hengst des Scheichs ging mit mir frei am offenen Tor des Round Pen vorbei.

NH: Was verpassen Menschen, die mit Leckerli trainieren?
HJN: Als mein erstes Pferd Casey in mein Leben kam, habe ich sehr schnell bemerkt und erkannt: Sobald man einem Menschen den Zügel, die Longe oder den Führstrick wegnimmt, ist er hilflos, denn den allermeisten Pferden ist ein Grashalm, ein Apfel oder ein Leckerli mehr wert als sein Mensch. Meine Anfangsmotivation war, dass ich mich so weiterentwickle, dass ich meinem geliebten Pferd so viel Sicherheit bieten kann, dass es meine Nähe sucht und ich ihm mehr wert bin als ein Grashalm, ein Apfel oder ein Leckerli. Ein tragfähiges Vertrauensverhältnis also. Beim Arbeiten mit Leckerli verpassen die Menschen die Chance, ihre Eigenwahrnehmung und ihr Körperbewusstsein zu erfühlen und zu schulen, denn es ist ein Monolog, kein Dialog.

Hans-Jürgen Neuhauser hatte schon in seiner Kindheit den Traum, sich den Pferden zuzuwenden. Durch seine geschulte Eigenwahrnehmung als Artist/Zeitlupenakrobat konnte er anhand der Reaktion des Pferdes Rückschlüsse für eine Verständigung ganz ohne Hilfsmittel wie Longe, Kappzaum oder Zügel ziehen und daraus ein Lernkonzept für Menschen entwickeln. Dieses Wissen vermittelt er zusammen mit Diana Baumeister in Workshops in Reitställen sowie im HJN-Seminar- und Ausbildungszentrum in Kirchdorf, Landkreis Diepholz.
www.hjn-reiten.de

Foto: Yve Ehler-Klatte

NH: Yve Ehler-Klatte, Sie vertreten die Einstellung, Leckerli abhängig von bestimmten Faktoren zu nutzen. Welche Situationen sind das zum Beispiel?
YEK: Im Sinne der positiven Verstärkung kann Leckerligabe sinnvoll sein, wenn eine große Stressbelastung entsteht – bei gleichzeitiger noch nicht stabiler Pferd-Mensch-Beziehung bezüglich des Sicherheitsgefühls. In Anbetracht neurobiologischer Aspekte, was Stresssymptome und Lernverhalten anbelangt, erweitere ich meinen regulativen Einfluss auf das Pferd durch das Kauen und Schlucken des Leckerlis: Pferde fressen nicht während der Flucht. Man könnte auch sagen: Je größer die Hürde, desto mehr Möglichkeiten der Hilfe und Unterstützung, dem Pferd den negativen Stress immer wieder zu nehmen, physisch und psychisch. Dies ist jedoch nur möglich, sofern es die Situationen vom Gefahrenpotenzial und Grundzustand des Pferdes hergeben.

NH: Warum füttern Sie grundsätzlich keine Leckerli?
YEK: Leckerlieinsatz siedle ich in den Bereich der Maximalverstärkung von erwünschtem Verhalten an. Daher erfolgt bei mir Leckerligabe ausschließlich gepaart mit Stimmlob und je nach Pferd und Situation Berührungslob, denn nicht für jedes Pferd ist das Futterlob das Größte.

NH: Sehen Sie irgendeinen Nutzen von Leckerli im Training? Wenn überhaupt, wer sollte sie einsetzen und wann?
YEK: Ja, zumindest übergangsweise bei entsprechenden Pferden. Jeder kann Leckerli einsetzen, wenn er sich vorher informiert hat, wie und warum man diese Option einsetzt. Erstrebenswert finde ich aber immer eine mögliche Reduzierung der Menge und hauptsächlich Stimm- und Berührungslob, je stabiler und harmonischer die Pferd-Mensch-Beziehung wird.

NH: Wo sehen Sie die Schwierigkeiten beziehungsweise Gefahren, wenn Leckerli eingesetzt werden?
YEK: Ich sehe potenzielle Schwierigkeiten in der korrekten Lobverknüpfung und dem unbedachten Einsatz. Insbesondere bei sehr reaktiven und/oder dominanten Pferden.

Auch ist der Grat schmal, in stressigen Situationen Futterlob als ständige Ablenkung zu nutzen. Das kann vorübergehend sinnvoll sein, ist aber kein Ersatz für das Erlangen eines Sicherheitsgefühls und muss gut durchdacht und beobachtet werden, ob sich eine positive Lernerfahrung dadurch entwickelt.

NH: Wie können Leckerli im Training den Pferden mental und psychisch schaden?
YEK:
- Wenn sie wie bei einem Automaten immer wieder „eingeworfen" werden müssen, damit das Pferd überhaupt noch in den Dialog mit dem Menschen geht.
- Wenn Pferde nur noch in Erwartung auf das nächste Leckerli sind und immer weiter in eine Übererregung geraten.
- Als Beziehungsersatz zwischen Pferd und Mensch. Stichwort: schlechtes Gewissen.

NH: Für wen eignen sich Leckerli beziehungsweise wer sollte sie im Training einsetzen?
YEK: Wenn es keine großen Verhaltensschwierigkeiten gibt, kann jeder Leckerli einsetzen. Bei Kindern finde ich wichtig, dass sie die Grundsätze kindgerecht erklärt bekommen. Bei Pferden mit gefährlichem Verhalten gehören Training und Leckerli in professionelle Hände.

Foto: Yve Ehler-Klatte

NH: Leckerli sind unschlagbare Motivatoren im Training – wie stehen Sie zu dieser Aussage?
YEK: Ich sage eher, es können (vorübergehend) tolle Motivatoren sein, müssen aber nicht. Zu viele Faktoren spielen eine Rolle für eine allgemeine Aussage.

NH: Training ohne Leckerli – was kann man dem Pferd Gleichwertiges als Motivator anbieten?
YEK: Es gibt zahlreiche Pferde, die deutlicher auf Berührung und Stimme reagieren als auf Futtergabe. Pferde wollen Beziehung, wahrgenommen und wertgeschätzt werden. Die Kunst ist es, zu erkennen, welche Persönlichkeit vor mir steht, womit ich am meisten loben, motivieren und gemeinsame Freude erreichen kann. Denn eines können Leckerli nicht, wenn ich sie isoliert, also ohne menschliche Lobkombinationen gebe: Emotionen übertragen. Sie lösen Emotionen aus, aber Stimmklang und Berührung bieten Dialog.

NH: Wann sollte man Leckerli konkret einsetzen?
YEK: Immer dann, wenn ein besonders großer Bestätigungsreiz für erwünschtes Verhalten sinnvoll ist und es die Situation hergibt. Wie bereits erwähnt, im Bereich großer Stressbelastungen als kombiniertes Maximallob mit der zusätzlichen Regulation über das Kauen bei auf Futter positiv reagierenden Pferden. Oder auch bei Pferden mit entsprechender Vorgeschichte, die langsam wieder zurück ins Leben finden und aus depressiven Zuständen kommen. Die Situationen sind vielfältig, vom Führtraining über Angst vor dem Verladen bis hin zum Pferd, das die Lebensfreude verloren hatte.

NH: Wie setzt man Leckerli am besten ein beziehungsweise was ist wichtig dabei?
YEK: Immer in Kombination mit Stimmlob, Berührungslob oder situationsabhängig auch mal mit einem Clicker. Wichtig ist die korrekte Verknüpfung zwischen erwünschtem Verhalten und Lob. Timing und Eindeutigkeit ist alles. Ich lege viel Wert auf Höflichkeit, sodass bei mir Leckerligabe nur erfolgt, wenn das Pferd ausreichend Platz mit seinem Kopf zu mir hält.

NH: Leckerli erzeugen Stress im Training – Ihre Meinung dazu?
YEK: Ich möchte hier auf die biologischen Grundlagen verweisen. Selbstverständlich erzeugen Leckerli Stress, im Übrigen jedes Lob. Und zwar den sogenannten Eustress. Das ist gewollt, da ausgeschüttete Glückshormone ein angenehmes Gefühl erzeugen und Gegenspieler sind von anderen Hormonen, die das Lernen behindern. Hier macht die Dosis das Gift. Wie mit allem Guten – wenn ich es übertreibe, kann sich der Effekt umkehren und Disstress verursachen.

NH: Haben Sie ein konkretes Beispiel aus Ihrem Traineralltag, wie Sie ohne Leckerli erfolgreich waren?
YEK: Zum Beispiel bei Schmerzgedächtnis, psychischen und physischen Traumata, Angst vor Pferdehängern und so weiter. Viele dieser Pferde haben kaum Interesse an Futter generell oder zumindest vom Basisstresslevel her in den kleinsten Konfrontationssituationen. Sie benötigten in erster Linie Ruhe, Sicherheit, Berührungs- und Stimmlob.

NH: Was verpassen Menschen, die ausschließlich mit Leckerli trainieren?
YEK: Sie könnten möglicherweise ein anderes Beziehungslevel mit dem Pferd verpassen.

Yve Ehler-Klatte von equi-delta® lebt in Norddeutschland und ist international als spezialisierte Pferdeosteopathin tätig. Sie begründete die Trauma-Pferdeosteopathie® und gemeinsam mit Ralf Döringshoff das Konzept Gerittene Osteopathie®. Als Dozentin und Referentin gibt sie ihr Wissen weiter in Form von Seminaren, Vorträgen sowie in ausgewählten Ausbildungsinstituten.
www.equi-delta.de

Foto: Christiane Slawik, Grafik: Eva Lakas
Annähernder Verlauf der wichtigsten Meridianlinien beim Pferd in Bewegung unter dem Reiter

Gerittene APM

Energetische Wechselwirkungen unter dem Sattel

von Kirsten Fleiser

Selbst die engagierteste Pferdebesitzerin kommt irgendwann mal an den Rand der Verzweiflung: Nach Tierarzt, Zweitmeinung, Physio, Osteo und Tierheilpraktiker ist die Ursache der Beschwerden immer noch unklar und keine der konservativen Therapiemaßnahmen hat einen dauerhaften Erfolg gebracht. Wenn auch Trainer und Reitlehrer gleichermaßen mit ihrem Latein am Ende sind, spätestens dann sucht man nach Hilfe mittels alternativer Heilmethoden.

Eine weitverbreitete Herangehensweise aus diesem Bereich ist die Akupunktmassage nach Penzel (APM). Sie nutzt das übergeordnete Energie- und Informationssystem des Körpers und den „inneren Arzt", damit die Energie überall in den Meridianen fließen kann und alle Areale beziehungsweise Strukturen optimal versorgt werden.

Auch wenn man zuerst an die Behandlung von chronischen Erkrankungen denkt, verfügt die APM gleichermaßen über das Potenzial zur Beseitigung von typischen reiterlichen Problemen bei den Lektionen oder im Bewegungsablauf, zum Beispiel wenn der Rücken nicht schwingt, das Pferd Taktunreinheiten oder Verspannungen zeigt oder schon „tot" im Maul ist.

Der Reiter als energetisches Wesen

Bevor wir allerdings die Ursachen beim Pferd suchen und beseitigen, müssen wir Wechselwirkungen berücksichtigen. Schon beim Longieren macht es durchaus einen Unterschied, *wer* mit dem Pferd arbeitet. Bei der einen Person geht es flott vorwärts und bei der anderen nicht von der Stelle. Wie auch beim Reiten liegen Widersetzlichkeiten selten am Pferd, zumeist am Reiter beziehungsweise an Schmerzen, die durch das Reiten verursacht werden. Die Energien sollten sich ausgleichen beziehungsweise zueinander passen. Ein dynamischer Reiter wird an einem Gemütspferd auf Dauer wenig Freude haben und ein unsicherer auf einem spritzigen wohl selten glücklich werden. Dabei kann es helfen, wenn ein gewisser Austausch der Energien beide Beteiligten fördert. Es ist in jedem Fall sinnvoll, dass sich der Reiter selbst auch behandeln lässt, damit seine Energie im Fluss ist.

Deshalb sollte uns allen bewusst sein, dass auch das Reiten selbst Probleme verursacht. Gerade in den höheren Gangarten gelangt beispielsweise die Magensäure in den schleimhautfreien Teil des Magens, was zu Reizungen führt. Viele Dinge, die wir als Material einsetzen, wirken sich auf Muskeln, Nerven, Knochen und eben auf die Energiebahnen

Die Utensilien, die am Pferd verwendet werden, haben eine Einwirkung und können somit die Energieflüsse des Pferdes beim Reiten stören. *Foto: Christiane Slawik*

sowie -punkte und somit auf die Qualität der Leistungen aus, die wir uns vom Pferd wünschen.

Bandagen

Zu fest gewickelt, können sie das Gewebe quetschen und einen Lymphstau verursachen. Auch die unter ihnen entstehende Hitze kann für das Pferd unangenehm sein.

Hufglocken

Sie reizen den Kronrand und die dort befindlichen Anfangs- und Endpunkte der Meridiane bis hin zum Aufscheuern mit Bildung von Narben als Störfelder. Dabei ist die Wirkung unspezifisch und keine zielgerichtete Harmonisierung.

Ohrenschutz/Fliegenmaske

An den Ohrenrändern verläuft die Miniaturversion des Kleinen Kreislaufs der Hauptgefäße. Weitere Körpermeridiane passieren das Genick zwischen den Ohren und führen um sie herum.

Sattel

Das Sattelkissen liegt direkt auf dem Blasenmeridian auf, der die Hinterhand versorgt. Gleichzeitig wird Druck auf die Zustimmungspunkte der Organe ausgeübt. Gleiches gilt für den hinteren Teil des Schulterblatts und die Widerristseiten. Entstehende Satteldrucknarben stellen Störfelder dar.

Sattelgurt

Er verläuft unter anderem über folgende Meridiane: Galle, Magen, Niere und das Konzeptionsgefäß. Das Pferd verspannt sich häufig beim Festziehen des Gurts. Dieser schränkt die Atmung ein und die typischen Scheuerstellen hinter dem Ellenbogen liegen im Bereich des Herzmeridians.

Schweifriemen

Dieser liegt auf dem Gouverneursgefäß und reizt permanent dessen Endpunkt.

Vorderzeug

Es beeinflusst den Magenmeridian, das Schlundende und die Luftröhre.

Reithalfter/Genickstück

Am Kopf des Pferdes verlaufen viele Meridiane auf engstem Raum.

Sperrriemen

Der Akupunkturpunkt *Magen* 4 befindet sich direkt hinter der Maulspalte. Eine Dauerreizung erzeugt zunächst eine Fülle. Diese kann mit der Zeit in eine chronische Leere übergehen, bei der die Gefahr besteht, dass das Pferd fest im Biss wird. Besondere Vorsicht ist hier bei Kopfstücken geboten, die keinen separaten Sperrriemen haben, sondern dessen Funktion integriert wurde – wie beim Hannoverschen Reithalfter oder bei diversen Multifunktionszäumen, die aufgrund ihrer anatomischen Form pferdefreundlich sein sollen.

Analog dazu sind auch Schenkel und Knie des Reiters, das Mundstück, Steigbügel, Sporen, Packtaschen, Hilfszügel und was wir sonst noch auf das Pferd packen, kritisch zu hinterfragen – und das nicht nur aus rein energetischer Sicht.

Die erfreuliche Nachricht lautet, dass die APM hier gute Dienste leistet und die Pferde trotz unserer Nutzung langfristig gesund erhält. Besser noch: Die dort wirksamen Prinzipien beseitigen nicht nur bestehende Krankheiten, sondern steigern auch bei gesunden Pferden die körperliche und trainingstechnische Entwicklung. Dabei nutzt die APM auch gerittene Sequenzen. Die energetische Wirbelsäulenbehandlung als eigenständiger Baustein/Komplex innerhalb der APM zeigt deutlich die einzelnen Funktionsweisen des Reitens und ihren Beitrag zum Heilerfolg.

Reiten als Teil der Befundung

Grundsätzlich beruht die Befundung in der APM auf der energetischen Tastung von Fülle (zu viel Energie) beziehungsweise Leere (zu wenig Energie) in Energieflussrichtung. Wenn das Pferd reitbar ist und dem Therapeuten entsprechend vorgestellt wird, kommen optische Eindrücke hinzu und auch das sensomotorische Feedback des Reiters gibt wertvolle Hinweise.

Für die Begutachtung durch den Therapeuten wird aktiv auf dem Zirkel in Anlehnung mit feiner Zügelverbindung getrabt – jeweils mehrere Runden auf beiden Händen. Vom Boden aus wird beobachtet, welche Kruppe dabei höher beziehungsweise tiefer ist. Als waagerechte Hilfe zur Orientierung dient dabei ein Zaun oder die Bande als künstlicher Horizont. Da vier Augen mehr sehen als zwei, ist eine Befundung durch eine weitere Person vorteilhaft. Neben dieser Inaugenscheinnahme gibt auch der Reiter Rückmeldung zu seiner Empfindung im Gesäß. Nach einem anschließenden manuellen Blockadetest wird aus dem Gesamtbild eine bestehende sogenannte Vor- oder Rückschreitstellung abgeleitet und entsprechend energetisch korrigiert.

Die Befundung findet am besten am Zirkel mit feiner Verbindung zum Pferdemaul statt. *Foto: Christiane Slawik*

Reiten als Therapieinstrument

Die anschließende Reitsequenz ermöglicht den Körperstrukturen die gesetzten therapeutischen Reize zu beantworten und sich symmetrisch auszurichten.

Dafür wird mit hingegebenem Zügel auf beiden Händen auf möglichst gerader Strecke getrabt, um jede Körperseite gleich stark zu beanspruchen. Optimal dafür geeignet ist ein langer Feldweg oder auch eine Ovalbahn. In der Halle und auf dem Reitplatz sollten auf jeden Fall die Ecken abgekürzt werden. Entlastend geritten wird dafür entweder im leichten Sitz oder im Leichttraben, um den Bewegungsablauf so wenig wie möglich zu stören und den einzelnen Strukturen Raum zu geben, sich neu auszurichten. Die Qualität des Trabs zeigt sich dabei am besten im Übertreten.

Reiten als Kontrollmesser

Im weiteren Verlauf der Behandlung korrigiert der APM-Therapeut abwechselnd die Stellung des ersten Halswirbels (Atlas) und arbeitet an der Hinterhand, insbesondere an der Aufrichtung des letzten Lendenwirbels und der Ausrichtung des Beckens. Zwischen jedem einzelnen dieser energetischen Impulse wird immer wieder auf die gleiche Weise getrabt, um zu überprüfen, wie der Körper darauf reagiert. Alle Maßnahmen sind dabei lediglich energetische Empfehlungen an die Statik, sich korrekt auszurichten. Diese sollten nach Möglichkeit durch Veränderungen im Bewegungsablauf spür- und fühlbar sein.

Nach Dieter Mahlstedt, der die APM auf den Pferdekörper übertragen hat, beeinflussen sich die Interventionen am Kopf (cranial) und am hinteren

Teil der Wirbelsäule (sacral) gegenseitig und auch die dazwischenliegenden Wirbel, weshalb ständig im Wechsel behandelt wird.

Die Ganasche dient als Referenz für die Atlaskorrektur. *Foto: Kirsten Fleiser*

Damit das Pferd beim Reiten alle Möglichkeiten hat, den Atlas in die korrekte Position zu bringen, ist mit hingegebenen Zügeln zu reiten. Kopfschütteln, Konterstellung, Nicken und andere Bewegungen helfen dabei, auf beiden Seiten wieder ein Gleichmaß der Höhe und Ganaschenfreiheit zu erreichen. Die korrekte Position des Atlas ist entscheidend, um beide Hinterhände gleichermaßen anzuregen. Wichtig zu wissen: Es kann zwischenzeitlich zu einer Verschlechterung kommen, die allerdings im weiteren Behandlungsverlauf korrigiert wird und danach verschwunden sein sollte.

Reiten als Erhaltungsmaßnahme

Damit die therapeutischen Maßnahmen nach Beendigung der eigentlichen Behandlung durch den Therapeuten nachwirken können, wird in den folgenden Wochen nach der Aufwärmphase jeder Reiteinheit auf beiden Händen für circa fünf Minuten am hingegebenen Zügel leichtgetrabt. Das taktmäßige Traben am langen Zügel auf geraden Linien ist dabei auch ohne vorherige APM-Behandlung ein bewährtes Mittel, um die Gesundheit des Pferdes zu erhalten und die Rittigkeit zu

Die gezielte Beobachtung beim Freispringen und die entsprechende Behandlung seelischer Zustände ist ein weiterer separater Teilbereich der APM. *Foto: Christiane Slawik*

verbessern. Nicht zuletzt dank der diagonalen Tritte bildet der Trab eine Brücke zwischen Behandlungstechniken und fördernder Gymnastizierung.

Bei der Lehre der fünf Elemente als weiterem Schwerpunkt im Anwendungsspektrum der APM steht das Reiten im Fokus. Hierbei werden die schon bekannten Meridiane gleichfalls den aus der TCM bekannten Elementen und der Einteilung der klassischen Ausbildungsskala zugeordnet.

In die optische und energetische Befundung nach den Elementen fließen sowohl die vom Besitzer oder Reitlehrer bemerkten Problemstellungen als auch Hinweise des Tierarztes, Schmieds oder anderer Behandler mit ein. Beispiele für Kriterien in den reitbaren Grundgangarten sind Symmetrie und Schrittlänge.

Die Behandlung nach den fünf Elementen setzt ebenfalls auf das Leichttraben als klassische Arbeitsgangart. Zur umfangreichen Analyse der Bewegungsmuster können darüber hinaus auch noch weitere gerittene Gangarten in Dressurmanier beurteilt werden, wenn sich bestimmte Schwächen nur dort zeigen. Das sind typischerweise passartige Verschiebung im Schritt oder auch die unterschiedliche Qualität von Rechts- und Linksgalopp.

Im weiteren Verlauf der Elementebehandlung dient das Reiten in erster Linie der Kontrolle, ob die gewählten therapeutischen Interventionen den gewünschten Effekt haben. Dafür wird die enge Beziehung zwischen den Elementen und der Skala der Ausbildung aus der klassischen Reitlehre genutzt. Dabei führt die Stärkung eines Elements zum Entzug von Energie in einem anderen, um somit ein Zuviel und ein Zuwenig auszugleichen.

Die Behandlung nach den Elementen wirkt nicht nur im körperlichen Aspekt synergistisch, sondern immer auch im dazugehörigen psychischen Anteil wie beispielsweise der inneren Losgelassenheit.

In der Ausbildungsskala bildet der Takt das Fundament, weshalb die Behandlung in der Regel mit dem zugeordneten Element Metall startet. Durch die energetischen Wechselwirkungen in der Anwendung verbessern sich potenziell auch die weiteren Punkte der Skala. Selbst bei gut ausgebildeten Pferden bringt dies merkliche Verbesserungen. Gezieltes Feintuning bei einer höheren Stufe ist eher die Ausnahme, kommt aber vor, wenn beispielsweise nur die Schubkraft fehlt.

Es ist daher durchaus sinnvoll, die Systematik der Vorgehensweise anhand des Elements Metall und seines direkten Bezugs zum Takt stellvertretend für die anderen Elemente zu verdeutlichen.

Bei der Behandlung nach den Elementen wird ausschließlich an den Beinen des Pferdes gearbeitet. Sämtliche Punkte für Metall, Wasser, Holz, Feuer Erde sind dort auf den bekannten Meridianen angesiedelt. Auf allen Meridianen befindet sich jeweils ein Punkt von jedem der fünf Elemente. Die Elementenpunkte sind dabei häufig deckungsgleich mit Punkten, die bereits eine andere Funktion in der klassischen Akupunktur innehaben wie zum Beispiel Tonisierungspunkt, Quellpunkt, Lo-Punkt. Damit die gewünschte Veränderung realisiert wird, ist die geistige Intention des Behandlers von entscheidender Bedeutung, bevor er startet.

Der dreistufige Prozess startet standardmäßig auf der linken Seite des Tiers, gleichgültig, ob das Pferd rechts oder links hohl ist und Geraderichtung gewünscht wird.

- Als Erstes wird auf dem Lungenmeridian, der dem Takt zugeordnet ist und im Yin-Bereich verläuft, der Elementepunkt des sogenannten Kontrolleurs tonisiert. Dies erfolgt wahlweise mit einem APM-Stäbchen, der Fingerbeere oder einem härteren

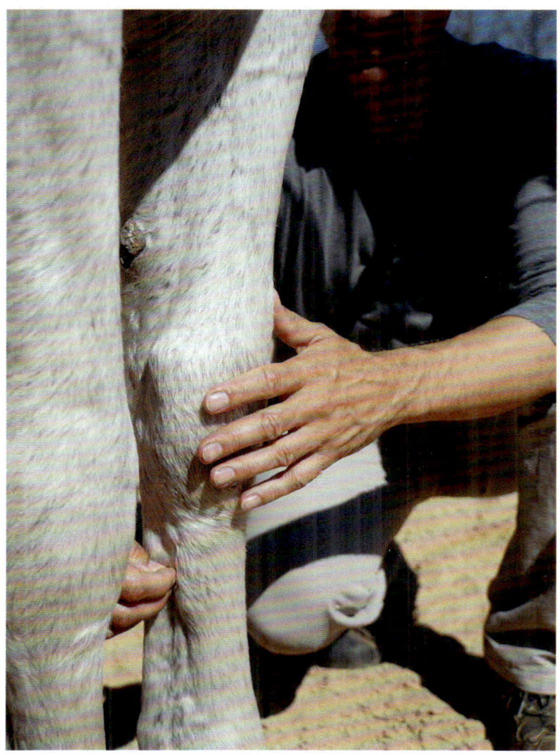

In der gerittenen APM wird bei der Behandlung nur am Bein gearbeitet. *Foto: Kirsten Fleiser*

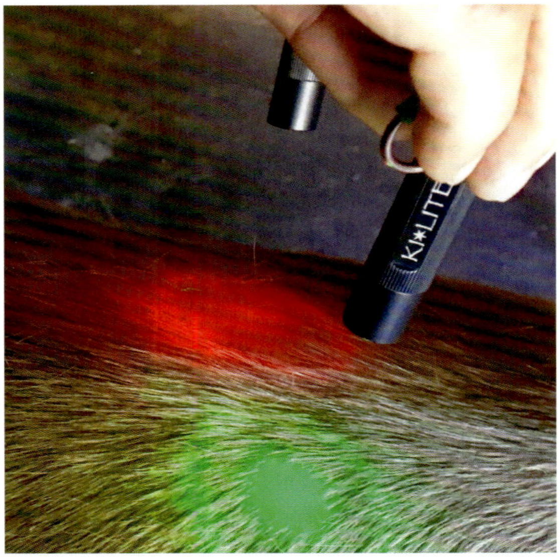

Die jeweils dem Element zugeordnete Farbe hilft, die gewünschte Wirkung bei der Behandlung zu entfalten. *Foto: Rolf Kirschbaum*

Pinsel. Als besonders effektiv hat sich der Einsatz von Farblicht erwiesen. Obwohl jedem Meridian eine tonisierende Farbe zugeordnet ist – konkret beim Lungenmeridian Blau –, wird hier die Farbe des kontrollierenden Feuerelements gewählt, sprich Rot.

- Danach ist der Akupunkturpunkt der sogenannten Mutter, die das eigentliche Element ernährt, an der Reihe – im gewählten Beispiel das Element Erde.

- Zuletzt wird der Punkt des Elements selbst – hier Metall – auf dem ihm zugeordneten Lungenmeridian tonisiert.

Spätestens danach erfolgt eine Überprüfung in gerittener Dressurarbeit, ob die therapeutischen Maßnahmen eine Verbesserung des Takts und möglicherweise auch schon anderer Qualitäten wie beispielsweise der Anlehnung bewirkt haben.

Für den seltenen Fall, dass noch nachgearbeitet und genauer justiert werden muss, wird ein weiterer zugeordneter Metallmeridian bemüht – konkret der im Yang verlaufende Dickdarm. Hier wird genauso vorgegangen wie auf dem Lungenmeridian, sprich Kontrolleur, Mutter, Kind, und dann wieder reiterlich überprüft. Für die Verbesserung der Losgelassenheit, der Anlehnung, der Geraderichtung oder des Schwungs ist die Vorgehensweise der zugeordneten Meridiane identisch.

Trainingstechnisches Konzept

Die Skala der Ausbildung wird in der Fachliteratur fast ausschließlich als Pyramide oder Treppe dargestellt, deren Spitze in Form von Versammlung vermeintlich nur durch die Erklimmung der einzelnen Stufen erreicht werden kann. Bei genauer Betrachtung ist dies allerdings gar keine Reihenfolge, denn von Anfang an sind alle Komponenten bereits vorhanden, nur eben in unterschiedlicher Intensität. Daher ist deren Darstellung als Kreis mit seinen Verbindungen, Nachbarfeldern und Abstufungen von Mahlstedt folgerichtig und optimal gewählt. Die Versammlung wird darin auch gar nicht explizit genannt, weil sie nur entsteht, wenn alles im Kreis ausgeglichen ist. Auch ohne therapeutische Vorkenntnisse kann jeder Pferdebesitzer selbst zur Verbesserung der einzelnen Bausteine der Skala beitragen.

Ähnlich wie beim Trainingskonzept Gerittene Osteopathie®, wo bestimmte reiterliche Übungen die mobilisierenden Bewegungen des Therapeuten ersetzen, sind auch den einzelnen Positionen der Ausbildungsskala Bahnfiguren sowie einfache Lektionen zugeordnet. Als konkretes Beispiel bleiben wir auch hier bei der Verbesserung des Takts. Als fördernde Übung gilt nach Mahlstedt das Reiten in einem Karree, wobei dessen Seitenlängen nach Möglichkeit elf Meter betragen.

Bei der TCM wird jedes Element einem Organ und bei der gerittenen APM zusätzlich einer Bahnfigur zugeordnet. *Grafik: APM Akademie*

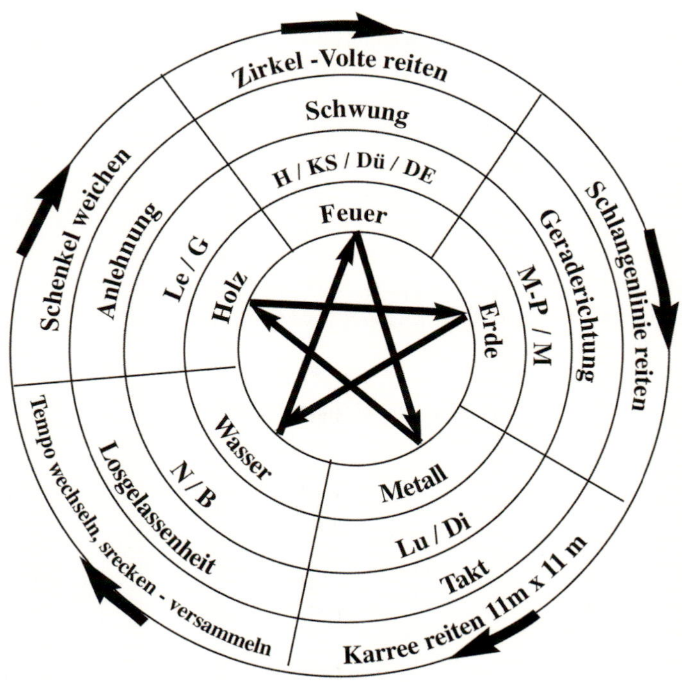

Königsweg Sondergefäße

Sollte in Ausnahmefällen selbst keine der Standardmaßnahmen – auch in Kombination – eine dauerhafte Besserung bringen, leisten bei der Beseitigung tiefer liegender Probleme die sogenannten Wundermeridiane gute Dienste. Um die in ihnen gespeicherte Körperenergie nicht sinnlos zu verschwenden, sollte mit diesen nur wohldosiert gearbeitet werden. Sie sind zwar aufgrund ihrer Breite deutlich leichter zu treffen als die klassischen Meridiane, dennoch gehören sie wie jede scharfe Waffe ausschließlich in die Hände von Therapeuten.

Eine Ausnahme sind die wohl bekanntesten, Lenker- und Konzeptionsgefäß, die den Kleinen Kreislauf (KKL) bilden, gefolgt vom Gürtelgefäß. Dessen Verlauf trennt klassisch die Hinterhand vom restlichen Körper. Typische damit verbundene Begleiterscheinungen beim Reiten sind beispielsweise Schlauchgeräusche, eine flache Galoppade oder rossebedingte Probleme wie Verspannungen oder Euterschwellung. Zur Verbesserung der Hankenbeugung, Selbsthaltung und einer harmonischen Bemuskelung rund um die Hüfte sind Yin- sowie Yang-Fersengefäß die Mittel der Wahl. Allerdings gilt auch für diese Therapievariante, dass lediglich die energetische Tür geöffnet wird. Um das Trainingsergebnis zu optimieren, kann jedoch keinesfalls eine Behandlung ersetzt werden.

APM-Interventionen rund um die Reiteinheit

Grundvoraussetzung ist, dass bereits im Vorfeld alle energetischen Maßnahmen ergriffen wurden, um einen optimalen Start sicherzustellen. Dazu gehört beispielsweise die Entstörung von Narben genauso wie mit dem Pferd auf vertrauensbildende Weise, mittels Akupunktakt der ersten Rippe, Verbindung aufzunehmen.

Vorher
Im Vergleich zum Rumpf sind Pferdebeine immer deutlich kühler. Daher ist es sinnvoll, sie gezielt auf die Arbeit vorzubereiten. Um sie ausreichend mit Energie zu versorgen, streicht man kräftig mit den Händen oder einer Bürste in Energieflussrichtung. Zur Unterstützung bei Bedarf APM-Salbe auf die Kronsäume auftragen – allerdings nicht bei praller Sonne.

Manchmal besteht die Lösung auch im Weglassen einiger beliebter Utensilien oder Anwendungen, wie beispielsweise einer Einheit im Solarium. Das anschließende Reiten wirkt bereits aktivierend im Yang-Bereich des Pferdekörpers. Zusätzliche Energie kann dann zu Überversorgung und Ungleichgewicht führen.

Währenddessen
Nach der obligatorischen Aufwärmphase im Schritt und noch vor der eigentlichen Arbeit am hingegebenen Zügel auf möglichst gerader Strecke traben.

Danach
Statt die Energie durch Abspritzen der Beine mit kaltem Wasser zu vernichten, empfiehlt sich aus energetischer Sicht das Ziehen des KKL. So gelangt die Energie aus den Beinen wieder zurück zu den Organen.

Kirsten Fleiser, studierte Versicherungsbetriebswirtin aus Köln, wandte sich nach einem Sabbatjahr in spanischen Reitbetrieben immer mehr der Gesunderhaltung von Pferden zu. Es folgten Qualifizierungen zur zertifizierten Trainerin für Dual-Aktivierung® und Equikinetic® sowie zur APM-Therapeutin nach Penzel für Pferde und zur equinen Bowen-Anwenderin. Neben ihrer Moderatorentätigkeit setzt sie sich insbesondere auf Mallorca für die Verbreitung von pferdefreundlichem Wissen ein.
www.caballance.de

Das Fell

mehr als nur Körperbedeckung

von Martina Kiss

Das Fell schützt das Pferd im Winter vor Kälte und Nässe, im Sommer bei hohen Temperaturen dient es der Haut als Sonnenschutz. Somit ist es eine Hightechfaser, die wir Menschen im Alltag für Geld teuer als Klimaanlage und Sonnenschutzmittel bezahlen müssen. Aber das Pferdefell kann noch mehr. Es kann mehr über die Gesundheit seines Trägers aussagen, als man denkt. Matt oder glänzend – so wie die Haut kann auch der Zustand des Fells ein Spiegel sein. Das Striegeln des Fells bedeutet neben Schönheitspflege ebenso Gesundheitsvorsorge.

*Name von der Redaktion geändert

Der PRE-Hengst Oleho* wurde als Dreijähriger von Andalusien nach Deutschland verkauft. Die Besitzer sahen ihn auf einer Verkaufsplattform für spanische Pferde und verliebten sich auf den ersten Blick. Der Hengst war eine ausgesprochene Schönheit und ein Paradebeispiel für den klassischen barocken PRE (Pura Raza Española). Fragte man die Besitzer, warum dieser Hengst der Wunschkandidat war, kam als Antwort: „Er war eine Augenweide." Mit ein Grund, warum er gekauft wurde, war sein in der Sonne glänzendes Fell.

Wenige Monate später in Deutschland war das Fell schon nicht mehr so glänzend, und einige Monate danach waren die Besitzer verzweifelt. Das Fell war glanzlos, fast struppig, das Pferd hatte seine Schönheit eingebüßt und es bekam in regelmäßigen Abständen Koliken. Was war geschehen?

Dazu muss man etwas weiter ausholen. Mit zwei Jahren – für Pferde das Kleinkindalter – sind das Immunsystem und die Darmflora im Aufbau. Stimmt etwas in diesen beiden Systemen nicht, sind Fell und Haut der Spiegel nach außen. Sie bilden nicht nur eine Einheit, sie sind auch Indikatoren sowohl für die physische als auch für die psychische Gesundheit eines Pferdes, noch lange bevor ein Blutbild über eine Erkrankung aussagekräftig sein kann.

Neben den naturgegebenen und jahreszeitlich wechselnden Faktoren wie der Fellwechsel von Herbst auf Winter und von Winter auf Frühjahr können auch Stressfaktoren für ein glanzloses Fell verantwortlich sein. Stress begleitet ein Pferd sein Leben lang, schon aus dem Umstand heraus, dass es ein Fluchttier beziehungsweise ein Beutetier ist.

Ortswechsel sind für ein Pferd in vielerlei Hinsicht ein Problem. Nehmen wir das Beispiel von Oleho. Da ist das Herausreißen aus einer Herde, in die sich das Pferd eingegliedert hat. Weitere Faktoren sind das veränderte Klima und die üppige Vegetation. Auf der einen Seite muss das Fell sich von kühlend auf wärmend umgewöhnen – zum Beispiel vom heißen

Foto: Christiane Slawik

Spanien ins kalte Deutschland. Fütterungsmäßig von grobstängeligem Gras von kargen oft mineralstoffarmen Feldern auf fette und zuckerreiche Kuhwiesen. Alles Komponenten, an die sich der empfindliche Organismus erst einmal gewöhnen muss und Darm und Immunsystem sich neu einstellen müssen. Dann muss das Pferd wieder einen Platz in der neuen Gruppe finden, was die Psyche mitunter sehr anstrengt.

Und woran merkt der Pferdebesitzer als Erstes, dass etwas nicht stimmen könnte? Wie gesagt – die Haut und das Fell sind Spiegel des Inneren. Um das Fell wieder glänzend zu bekommen, sollte man sich immer Gedanken über die artgerechte Fütterung und die pferdegerechte Haltung machen. Sind alle Haltungsbedingungen so gut wie möglich erfüllt, sollte man mehr auf die Psyche des Pferdes eingehen. Denn auch diese spielt eine Rolle im Fellstoffwechsel. Aber sehen wir uns konkret die Haut und das Fell einmal etwas genauer an.

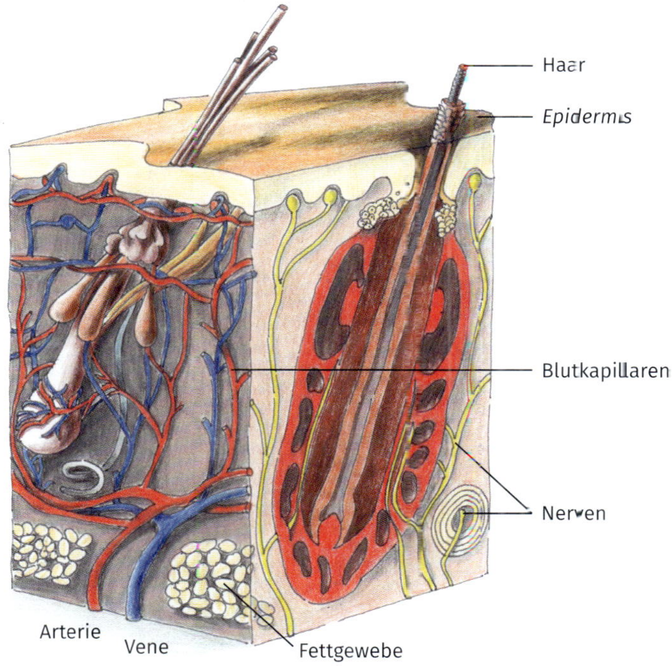

Die Haut ist ein komplexes Organ, das aus drei Schichten besteht – die Unterhaut, die Lederhaut und die Oberhaut. Diese drei Hautschichten sind miteinander verbunden und voneinander abhängig. In der Lederhaut liegen die Haarwurzeln, Nervenrezeptoren, Talg- und Schweißdrüsen und die Haarbalgmuskeln, die eine Thermoregulierung in Gang setzen. *Grafik: Susanne Retsch-Amschler*

Haut und Fell – unschlagbares Team bei Schutz vor Witterung

Als Thermoregulationskraftwerk dienen Haut und Haare im Zusammenspiel im Sommer – durch Schwitzen – als Kühlanlage und im Winter als Heizung. Ist es zu heiß, schwitzt das Pferd, dann kühlt der Schweiß die Haut und die Haare transportieren die nassen Tropfen von der Haut ab. Ist es kalt, stellt sich – bedingt durch die Haarbalgmuskeln – das Fell auf. Luft, die sich erwärmt, sammelt sich zwischen den Haaren und bildet eine Wärmeisolierung. Hinzu kommt, dass die Unterwolle hohle Haare hat, die eine zusätzliche Isolierung aufbauen. Deshalb ist das Scheren des Fells kontraproduktiv, denn hier greift der Mensch in ein automatisiertes Gesundheitssystem ein. Besser 20 Minuten im Winter mehr putzen und Fell entfernen, als dem Tier seine Klimaanlage und somit einen Teil seines Gesundheitssystems zu nehmen.

Das Scheren des Fells bedeutet für das Pferd, dass man ihm die natürliche Klimaanlage wegnimmt. Bei niedrigen Temperaturen ist die Haut weniger geschützt. Das Pferd friert dann und muss eingedeckt werden. *Foto: Christiane Slawik*

Durch das Putzen werden nicht nur Haare entfernt, sondern auch die Durchblutung der darunterliegenden Haut angeregt. *Foto: Christiane Slawik*

Der Fellwechsel

Das Fell zu wechseln ist ein natürlicher Vorgang in der Natur, er erfolgt im Laufe der Jahreszeiten in der heutigen Zeit immer früher. Oft hört man von Pferdebesitzern, dass das Sommerfell schon im Juli auf Winterfell wechselt, und der Frühjahrsfellwechsel setzt schon im Januar und Februar ein.

Wenn der Fellwechsel früher einsetzt, müssen sich auch die Organfunktionen und die Psyche neu anpassen. Pferde sind (so wie jedes der Natur verbundene Lebewesen) wahre Anpassungskünstler. Man kann bei einem Ausritt auch feststellen, dass Pferde wissen, was ihr Körper braucht. Denn im Wald und auf der Wiese fressen sie oft Gräser, Kräuter und Blätter, die sie mit bestimmten Nähr- und auch Bitterstoffen versorgen, um ihre Leber zu unterstützen. Da aber unsere Wiesen immer nährstoffärmer werden, ist eine Gabe von Mineralstoffen gerade bei Fellwechsel und im Winter durchaus sinnvoll. Das bedeutet nicht, dass man Unmengen an Zusätzen zufüttern soll, sondern gezielt je nach Bedarf Mineralstoffe in an den Körper angepassten minimalen Dosen, je nach Jahreszeit, geben soll.

Streift man beim Putzen an den Körper seines Lieblings und kommt sich nach einer Putzeinheit selbst wie ein Zottelbärchen vor, ist im eigentlichen Sinne alles im Pferdekörper in Ordnung. Das heißt, dass das Pferd imstande ist, sein Fell zu wechseln, was im Umkehrschluss bedeutet, dass man es durch vermehrtes Putzen unterstützen kann. Das sollte Grund zur Freude geben, denn Pferde, die aus Alters- oder aus anderen gesundheitlichen Gründen kein funktionierendes Fellstoffwechselsystem mehr haben, leiden verstärkt im Sommer unter der Hitze. Deshalb: Fellputzen bedeutet Gesundheitsvorsorge!

Eco Hoof Print

In der Pferdewelt gibt es immer mehr Produzenten, die die Umwelt schützen wollen und sich über regionale, wiederverwertbare und vor allem nachhaltige oder gesundheitsfördernde Produkte für Ihr Pferd Gedanken machen. Wir wollen diese Produkte vorstellen – zum Wohl der Pferde.

Das Fell bietet Schutz, ist eine Hightechfaser und eine Klimaanlage in einem. Zweimal im Jahr wechselt der Vierbeiner seine Haare und man darf mehr Zeit für die Pflege einplanen. Der fellschön®Fellwechselhelfer entfernt sanft lose Sommer- und Winterfellhaare – und das schnell und einfach. Der Vorteil dieses Pflegeutensils ist, dass keine Haare hängen bleiben. Dadurch entfällt das ständige lästige Entfernen. Das spart auch Zeit. Ohne Kraftaufwand über das Fell bürsten und die losen Haare werden durch die speziell gezackte Klinge rausgebürstet. Bedingt durch die einfache und sanfte Anwendung lassen sich so auch Pferde mit viel bis extrem viel Fell zeitsparend enthaaren. Durch die feinen kurzen Zacken der fellschön® Bürste, die nicht bis auf die Hautoberfläche durchdringen, ist das Bürsten auch für empfindliche Pferde sehr angenehm.

Das schafft schnelle Erleichterung für Pferde mit Fell- oder Hautproblemen wie Ekzem oder Cushing, wenn bei steigenden Temperaturen im Frühling die Haut unter den ausgehenden Haaren zu jucken beginnt. Hautschuppen und Schmutz werden an die Hautoberfläche befördert, die dann mit einer weichen Kardätsche abgebürstet werden können.

Neue Produktlinie – 100 % Recyclingmaterial
Für noch mehr Nachhaltigkeit werden nun die neuen Saisonfarben zur Fellwechselsaison 2023 ressourcenschonend aus 100% Recyclingmaterial produziert. So entsteht neues Leben aus Abfall. Fellschön® geht noch einen Schritt weiter, um den ökologischen Fußabdruck zu setzen. Die Produkte werden zu 100 % in Deutschland hergestellt. Und die Klingen sind auswechselbar.

Somit ist der fellschön® Fellwechselhelfer ein innovatives, umweltschonendes Fellpflegeprodukt, gemacht von Pferdemenschen für Pferdemenschen. Getreu dem Motto: Gut für das Pferd, gut für den Menschen und gut für die Umwelt!

www.fellschön.de

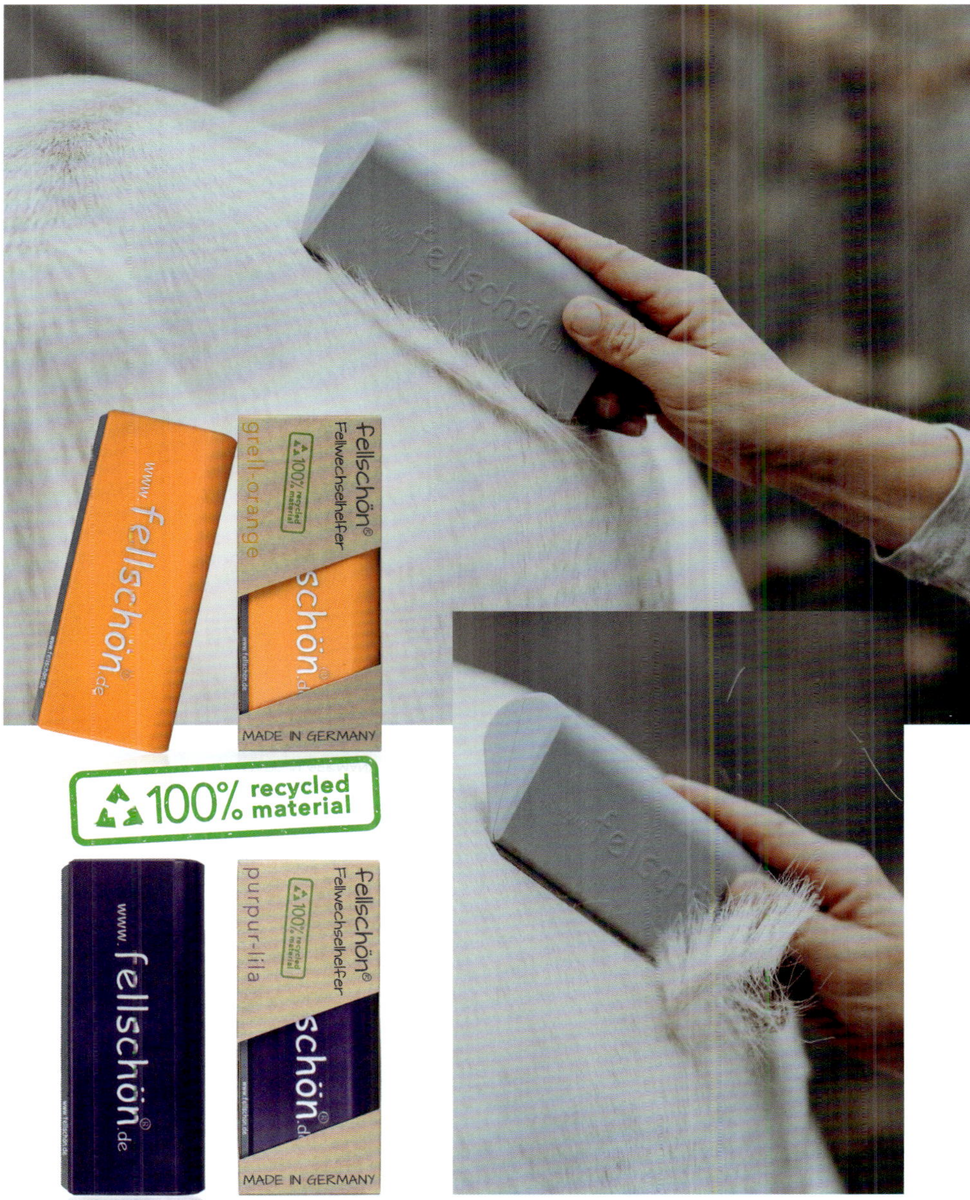

Hier geht es zum Shop:

www.fellschoen.de/shop

Hier geht's zum Fellwechselhelfer-Video:

www.youtube.com/watch?v=zbPIGkIZU8o

Foto: Christiane Slawik

AUFTRENSEN UND AUFSATTELN –

stressfrei für Pferd und Mensch

von Nina Steigerwald

Wie kooperativ ist Ihr Pferd, wenn die Arbeit ruft? Oder haben Sie ein Jungpferd, dem Sie freundlich und fair erklären möchten, sich mit der erst einmal fremden und vielleicht unangenehmen Prozedur vertraut zu machen? Ich vergleiche im Training gern mit Häusern, den sogenannten Altbauten. Wer sich schon einmal mit der Sanierung eines solchen beschäftigt hat, weiß, dass sämtliche Baumaßnahmen mehr Zeit und Geld brauchen, als man veranschlagt hat. Da kann der Einbau eines neuen Fensters gern beim Abschlagen des Putzes im ganzen Raum enden, weil Schimmel in der Wand ist. Genauso verhält es sich, wenn ein Pferd eine Altbauproblematik hat. Geht man ein Thema an, kann es sein, dass Entdeckungen zutage treten, mit denen man nicht gerechnet hat.

Insbesondere bei mangelnder Mitarbeit oder gar Widersetzlichkeit beim Anlegen der Ausrüstung sollten Sie ganz genau hinschauen, was die Ursache/-n für das Verhalten Ihres Pferdes sind, und diese abstellen. Das ist in extrem vielen Fällen schon mehr als die halbe Miete. Konkret handelt es sich um Schmerzen. Was ich in den Jahren als Pferdephysiotherapeutin an ursächlich durch den Sattel geschädigter Muskulatur unter den Fingern hatte, spottet jeder Beschreibung. Zum Glück gibt es immer mehr Fachleute, die sich der Erhaltung von gesunden Bewegungsapparaten und gut sitzenden Sätteln verschrieben haben. Doch leider gibt es auch das Heer derer, die beim Sattelverkauf gern mal über gewisse physiologische Gegebenheiten hinwegsehen oder sie schlichtweg nicht kennen.

Erschwerend hinzu kommt, dass sich der Pferderücken permanent verändert. Kaum ein Pferd im Freizeitbereich hat sommers wie winters dieselbe Auslastung und dasselbe Nahrungsangebot und wird sich daher dergestalt verändern können,

Zeigt das Pferd beim Abtasten oder unter stärkerer Berührung im Bereich der Sattellage Widersetzlichkeiten, wie hier die Anspannung der Halsmuskulatur, das Hochreißen des Kopfes oder enges Ohrenanlegen, sollte der Rücken auf eventuelle Blockierungen untersucht werden. *Foto: Maike Klein*

Foto: Maike Klein

Die „Feuerprobe" für jeden Reiter ist es, auf einem Stuhl sitzend oder in der Hocke sein Pferd auftrensen zu können. *Foto: Maike Klein*

dass der teure Maßsattel zu einem gravierenden Problem für die Muskulatur wird. Dauerhafter Druck führt zu schlechterer Durchblutung, diese zu Verspannungen, diese zu Schmerzen, zu eingeschränkter Beweglichkeit, zu weiteren Verspannungen. Oder aber zu einer Blockierung/Entzündung, und im schlimmsten Fall im Bereich der gesamten Wirbelsäule. Dann ist es höchstwahrscheinlich reichlich unangenehm, wenn sich noch ein Mensch draufsetzt und man sich als Pferd auf eine gewisse Art und Weise in vom Menschen vorgegebener Körperhaltung bewegen soll.

Was kündigt den kommenden Schmerz an beziehungsweise verursacht ihn? Der Sattel. Erschreckend viele Pferde werden als unwillige „Ziegen" abgestempelt, obwohl sie mit ihrem Herumtänzeln, Ohrenanlegen, Schnappen oder gar Hinterbein-Anheben ein deutliches „Nein!" zur kommenden Prozedur rufen? Wie viele aus der Kategorie „Ist halt immer kitzlig am Bauch" haben tatsächlich ein Magengeschwür oder gravierende Darmprobleme?

Lassen Sie bitte unbedingt Ihr Pferd untersuchen, wenn es nicht mitmacht. Und denken Sie daran: Tierärzte kennen sich nicht zwingend auch gut mit Sattelpassformen aus oder Chiropraktiker mit Zahnproblemen. Diese sind jedoch oft ein Grund für Widersetzlichkeiten beim Annehmen des Gebisses.

CLICK UND FUTTER – DAS TIMING IST WICHTIG!

Welcher Reiter hat nicht gelernt, den seitlichen Druck mit dem Daumen auf die Zunge zu setzen, wenn der Vierbeiner den Kiefer zusammenpresst, um das Stück Metall nicht in sein Maul nehmen zu müssen? „Das schmeckt nun einmal komisch. Pferde können es nicht abschlucken. Es fühlt sich fremdartig auf der Zunge an, da gewöhnt es sich schon dran." Das war die Empfehlung, als ich mein Jungpferd das erste Mal mit Wassertrense unter dem Halfter auf einen Ausritt nehmen sollte. „Das hört schon auf."

Ja, es hörte auf. Mein Jungpferd lernte, dass es sich nicht lohnt, das fremde Objekt ausspucken zu wollen. Der Mechanismus, der dabei greift, nennt sich „erlernte Hilflosigkeit" und beschreibt vereinfacht gesagt das Phänomen, dass ein Lebewesen nach wiederholten Erfahrungen von Ohnmacht aufgibt, etwas ändern zu wollen.

Die Frage an dieser Stelle sei erlaubt, warum überhaupt ein Gebiss sein muss. Der viel zitierte Sicherheitsaspekt greift nur zum Teil. Die meisten Versicherungen zahlen nur, wenn das Pferd im Gelände draußen auch etwas im Maul hat. In der Realität gehen unzählige Pferde auch mit Gebiss durch, egal wie scharf es sein mag. Sollte man ein Pferd nicht lieber so ausbilden, dass es auch gebisslos in allen Situationen gut händelbar ist? Und was ist mit der feinen Hilfengebung? Reiten bedeutet, dass der tierische Partner erlernte Signale umsetzt. Diese erfolgen meist taktil: Das Pferd spürt einen gewissen Druck hier, kombiniert mit einem Druck dort und weiß dann, dass es sich zum Beispiel mehr in seiner Längsachse biegen soll. Denn so erreicht es, dass der Druck nachlässt. Ob dieser auf dem Nasenrücken oder der Zunge stattfindet, ist für den Trainingsaufbau egal.

Haben Sie den Mut und das Vertrauen in Ihr Pferd und versuchen Sie es doch einmal gebisslos, zunächst natürlich auf einem umzäunten Platz. Es kann sein, dass sich die Unwilligkeit und das Hoch- und Wegziehen des Kopfes dann von selbst erledigen.

Wenn Sie Ihrem „Altbau“ erklären möchten, dass er doch bitte dieses im Moment als widerlich empfundene Stück Metall ins Maul nehmen möge, dann ist der Einsatz von Futter eine gute Option. Schließlich wollen Sie ihm im wahrsten Sinn des Wortes etwas schmackhaft machen. Damit Sie Ihre Ziele möglichst schnell erreichen, sollten Sie sich die folgenden Grundsätze merken: Kein Keks ohne Click, und: Erst clicken, dann füttern.

Das richtige Timing ist wichtig, damit das Pferd sich bestimmte Vorgänge einprägt. *Foto: Maike Klein*

Nun ist gerade das Handling der zu trainierenden Ausrüstungsgegenstände schon anspruchsvoll genug, deswegen haben Sie idealerweise eine zweite Person, die das Anreichen des Futters übernimmt. Wenn Sie allein trainieren, sollten Sie mit einem Zungenclick arbeiten, der die Futterbelchnung zuverlässig ankündigt. Wenn Sie ohne akustischen Marker Leckerli geben, wird Ihr Pferd bei jeder Handbewegung denken: „Oh, es könnte Essen drin sein“, und entsprechend mit dem Maul nachprüfen wollen. Das ist vor allem beim Training von Bewegungen in Richtung Kopf sehr hinderlich. Zudem ist es ein Gebot der Fairness, durch die folgende Vorgehensweise Ihr Pferd zum Einhalten der Höflichkeitsregeln zu bringen: Es hält einen Moment lang komplett still, ohne sich für die Futtertasche zu interessieren. Pferdekopf und -hals sollten dabei möglichst geradeaus zeigen. Dann wird geclickt, und unmittelbar darauf bewegt sich die Hand mit dem Futter zum Pferdemaul.

Es ist wichtig, nach dem Click schnell zu reagieren und das Futter wirklich bis zum Pferdmaul hinzubringen, ohne dass das Pferd inzwischen Zeit hatte, den Kopf in Richtung Hand oder Futtertasche zu bewegen. Andernfalls würden wir ihm beibringen, sich das Futter bei uns abzuholen. Wir möchten ja ein höfliches Pferd, das sein Maul nicht in unsere Futtertasche steckt. Da Pferde das tun, was sich lohnt, werden wir höfliche Tiere erhalten, wenn wir sie füttern, unmittelbar nachdem sie das von uns erwünschte Verhalten gezeigt haben.

Man spricht hier auch vom Zielverhalten, das klar definiert werden kann und sollte. Dieses sieht beim Satteln noch immer genauso aus wie beim vorangegangenen Höflichkeitstraining: Das Pferd steht still, alle vier Hufe bleiben am Boden stehen, Kopf und Hals zeigen geradeaus.

DER WEG DER KLEINEN SCHRITTE

Als Nächstes trainieren wir dieses Zielverhalten unter Ablenkung. Wir möchten das Pferd am Ende fragen: „Kannst du stillstehen, obwohl ich dich sattle?“ Damit es diese Frage mit „Ja“ beantwortet, muss sich zum einen das erwünschte Verhalten lohnen. Hier kommt das Futter zum Einsatz. Zum anderen müssen wir die Aufgabe in viele kleine Zwischenschritte unterteilen. Würden wir es direkt fragen, ob es stillstehen kann, während wir es satteln, würde es vermutlich „Nein“ sagen. Es würde ein Abwehr- oder Meideverhalten zeigen. Aus diesem Grund fragen wir es zunächst nur nach einem Teilschritt des Endziels, um allmählich auf dieses hinzuarbeiten. Diese Teilschritte könnten folgendermaßen aussehen:

Kannst du stillstehen, obwohl ...
- ... ich mit den Schultern zucke?
- ... ich meine Hand bewege?
- ... ich meine Hand 10 cm in Richtung deines Rückens bewege?
- ... ich meine Hand 20 cm in Richtung deines Rückens bewege?
- ... ich meine Hand 30 cm in Richtung deines Rückens bewege?
- ... ich mit meiner Hand deinen Rücken berühre?
- ... ich deinen Rücken an einer anderen Stelle berühre?
- ... ich deine Gurtlage berühre?

Sollte Ihr Pferd eine der Fragen mit „Nein“ beantworten, gehen Sie wieder einen Trainingsschritt zurück und üben weiter an diesem, ehe Sie es erneut fragen, ob es nun bereit ist, mehr zu leisten. Sie können zwischen den einzelnen Trainingsschritten außerdem beliebig viele weitere Zwischenschritte einbauen. Manchmal ist es nötig, sich Zentimeter für Zentimeter vorzutasten.

Wenn Ihr Pferd antwortet mit „Ja, das kann ich aushalten und weiterhin stillstehen“, erhält es dafür einen Click und Futter. Das Verhalten lohnt sich für das Pferd, weshalb es in Zukunft häufiger das erwünschte Verhalten zeigen wird. Zusätzlich zur Motivation verändern wir auf diese Weise außerdem seine Emotionen. Dadurch, dass wir so kleinschrittig vorgehen, dass wir stets in einem Bereich bleiben, der dem Pferd noch nicht unangenehm ist, und ihm für seine Kooperation Futter überreichen, entstehen neue Gehirnverbindungen. Es beginnt den Prozess des Sattelns mit der anschließenden Futtergabe zu verknüpfen. Unser Training, das Heben unseres Arms, die Berührung des Pferderückens und letztendlich das Auflegen des Sattels, werden zur Ankündigung für Futter. Es entsteht Vorfreude.

STILLSTEHEN IST DAS ZIEL

Ein wichtiges Detail, das Sie beachten sollten, lautet, mit dem Training nur zu beginnen oder fortzufahren, wenn Ihr Pferd höflich stillsteht. Man bezeichnet dies als eine Verhaltenskette, da sich mehrere Ereignisse aneinanderreihen.

Ihr Pferd steht höflich still, behält alle vier Hufe am Boden, sein Kopf und Hals zeigen geradeaus. Daraufhin heben Sie Ihre Hand. Bleibt Ihr Pferd stillstehen, erhält es Click und Futter.

Ihr Pferd lernt so, dass es höflich stillstehen muss, um Sie dazu zu bringen, mit dem Satteln zu beginnen. Woraufhin das Pferd weiterhin stillstehen und sich so sein Futter verdienen kann. So belohnen Sie die Höflichkeit Ihres Pferdes jedes Mal direkt mit.

Würden Sie mit dem Training (Hand heben, Pferderücken berühren, Sattel auflegen ...) beginnen, während Ihr Pferd gerade um Futter bettelt, dann würde es lernen, mit diesem unerwünschten Verhalten das Training, bei dem es sich Futter verdienen kann, auslösen zu können. Es würde betteln, damit Sie zu satteln beginnen.

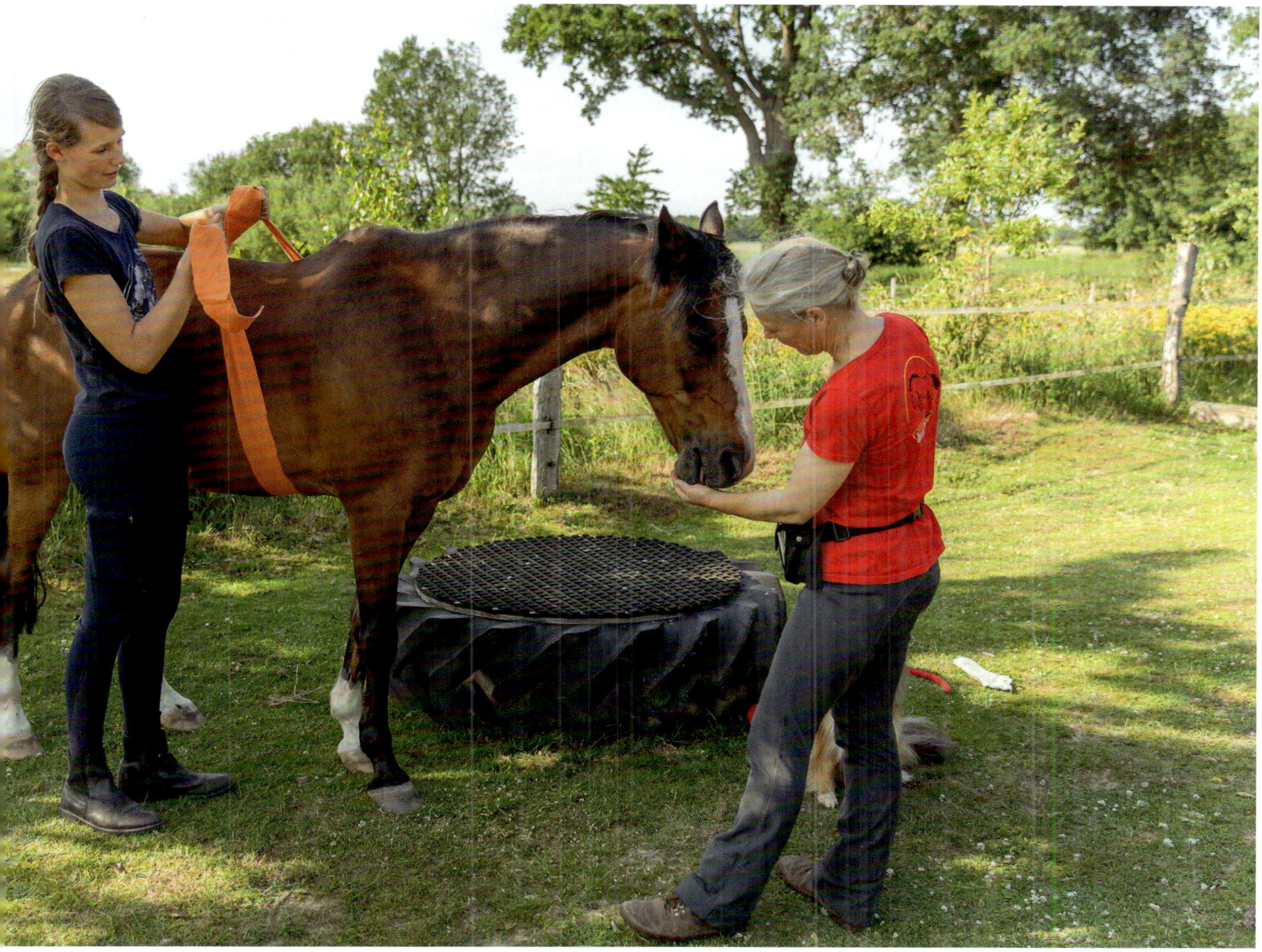

Damit das problemlose Aufsatteln leichter gelingt, übt man, Rücken und Bauch des Pferdes an verschiedene Gegenstände zu gewöhnen. *Foto: Maike Klein*

BERÜHREN MIT ALLERLEI GEGENSTÄNDEN

Zurück zum Praktischen: Wenn Ihr Pferd sich von beiden Seiten am gesamten Rückenbereich sowie an der Gurtlage problemlos berühren lässt, nehmen Sie einen Gegenstand in die Hand und fragen es, ob es sich auch mit „komischen Objekten" überall berühren lässt. Hierfür können Sie zum Beispiel eine Putzbürste benutzen, ein Handtuch oder den Sattelgurt. Berühren Sie Ihr Pferd gern mit mehreren unterschiedlichen Gegenständen. So beginnt Ihr Pferd zu generalisieren. Es lernt, dass sich das Stillstehen generell lohnt, egal womit es berührt wird. Verwenden Sie zunächst kleine, später größere oder potenziell gruselige Gegenstände, wie zum Beispiel eine Plastiktüte. So arbeiten Sie sich schrittweise über eine Schabracke bis hin zum tatsächlichen Sattel vor. Clicken Sie auch hier, wie zuvor beim Berühren, mit Ihrer bloßen Hand, zunächst kleine Annäherungen, bevor Sie Ihr Pferd mit dem neuen Gegenstand tatsächlich berühren. Heben Sie den Sattel schlussendlich zunächst nur ein wenig hoch, dann immer näher in Richtung des Pferderückens und deuten Sie ein Satteln lediglich an. Belohnen Sie Ihr Pferd mit Click und Futter für das Stillhalten, ehe Sie den Sattel tatsächlich auf seinem Rücken ablegen. Denken Sie daran: Sobald es „Nein" sagt, sind Sie etwas zu schnell vorgegangen. Gehen Sie einen Trainingsschritt zurück und bauen Sie, wenn nötig, weitere Zwischenschritte ein.

Denken Sie daran, jeden Reiz, den das Pferd womöglich bisher mit unangenehmen Folgen wie Schmerzen durch einen früheren, unpassenden Sattel verknüpft hat, als separaten Trainingsschritt zu üben. Dazu können auch Geräusche gehören, wie das Klingeln der Schnallen am Sattelgurt. Womöglich rechnet Ihr Pferd beim Ertönen dieses Geräuschs damit, dass es jetzt gleich schmerzhaft wird. Geben Sie ihm die Gelegenheit, zu lernen, dass dieses Geräusch von nun an Futter ankündigt.

Bevor man den Trensenzaum anlegt, kann man als Zwischenschritt das Anlegen eines Anbindestricks üben.

Foto: Maike Klein

SPIELERISCHE GEWÖHNUNG

Beim Trensen sieht das Zielverhalten ein wenig anders aus. Hier möchten wir etwas mehr aktive Mitarbeit. Denn wäre es nicht schön, wenn Ihr Pferd bereitwillig den Kopf senken und in das dargebotene Zaumzeug stecken würde, anstatt giraffenähnlich den Kopf hochzureißen in dem Versuch, sich zu entziehen?

Für den ersten Trainingsschritt bietet es sich an, einen Halsring oder Hula-Hoop-Reifen zu verwenden. Dieser ist größer und für das Pferd zunächst leichter zu treffen. Außerdem hat es vermutlich noch keine unangenehmen Vorerfahrungen mit diesem Gegenstand gemacht. Die Aufgabe lautet, den Kopf zu senken und in den Reifen zu stecken. Warten Sie auch jetzt wieder, bis Ihr Pferd höflich stillsteht. Nun präsentieren Sie ihm den Reifen. Halten Sie ihn waagerecht und tief, sodass Ihr Pferd animiert wird, neugierig den zu Kopf senken, um sich den Gegenstand näher anzusehen. In diesem Fall können Sie die Annäherung clicken und es füttern. Sollte es sich vor dem Reifen gruseln, legen Sie ihn auf den Boden und Futter in die Mitte des Reifens. Geben Sie ihm die Zeit, die es braucht, bis es Futter angstfrei aus der Reifenmitte fressen mag. Nun heben Sie ihn ein klein wenig an und clicken, wie zuvor beschrieben, jede Annäherung.

Allmählich formen Sie nun das Zielverhalten Ihres Pferdes, bis es bei der Präsentation des Reifens den Kopf hineinsteckt. Vielen Pferden hilft es, wenn Sie ein Spiel daraus machen. So kann das Pferd dem Reifen ein wenig hinterherlaufen und erst dann den Kopf hineinstecken lassen. Ein Objekt, das „flieht", ist wesentlich weniger bedrohlich als eines, das das Pferd verfolgt.

War das Training bis hierher erfolgreich, können Sie den Reifen gegen Ihr Stallhalfter eintauschen. Helfen Sie Ihrem Pferd, wenn nötig, indem Sie zunächst wieder eine Annäherung an das Halfter clicken, ehe Sie das komplette Hineinstecken des Kopfes für Click und Futter verlangen. Auf diese Weise können Sie nun auch das Anziehen eines gebisslosen Zaumzeugs üben.

Das Aufnehmen eines Gebisses können Sie separat trainieren und anschließend mit dem Hineinstecken des Kopfes in das Zaumzeug kombinieren. Halten Sie Ihrem Pferd hierfür das Gebiss hin und clicken Sie jede Annäherung, bis es das Gebiss mit den Lippen berührt. Achtung, Sie selbst sollen hierbei stillhalten, sich mit dem Gebiss also nicht nähern. Ihr Pferd soll aktiv werden und den Kontakt suchen. Mit der Zeit verlangen Sie immer mehr von Ihrem Tier, ehe es Click und Futter erhält. Es wird ermuntert, auszuprobieren, welches Verhalten sich lohnt. Das bloße Anstupsen des Gebisses reicht nicht mehr aus. Da sich dieses Verhalten jedoch bisher immer gelohnt hat, wird es dies nun stärker versuchen oder eine Verhaltensvarianz anbieten. Nimmt es das Gebiss ansatzweise ins Maul? Perfekt! Clicken Sie dies und füttern Sie es.

Sobald Ihr Pferd das Gebiss selbstständig ins Maul nehmen kann, dehnen Sie die Zeit bis zum Click allmählich aus. Ihr Pferd muss das Gebiss nun also ein paar Sekunden länger im Maul behalten, ehe es seine Belohnung erhält.

Wenn Sie einfühlsam auf die Signale Ihres Pferdes eingehen und schrittweise den Weg in kooperatives Verhalten bahnen, wird es Ihnen danken. So können Sie unbeschwert die Freuden des anschließenden Reitens genießen.

Nina Steigerwald ist Pferdephysiotherapeutin und hat sich dem Training mit positiver Verstärkung verschrieben. Sie besucht regelmäßig Fortbildungen bei Viviane Theby und Tiertrainern wie Bob Bailey, Ken Ramirez und ist Mitautorin von Büchern und DVDs über Clickertraining. Seit 2014 unterrichtet sie Tiertrainer aus allen Sparten mit dem Konzept der Chicken-Camps in operanter Konditionierung. Auf Hof Steigerwald findet die Ausbildung zum Trainingsspezialisten Pferd und seit 2019 die Ausbildung zum Steigerwald.T Medical Trainer statt. Mit ihrem Mann entwickelt und optimiert sie qualitativ hochwertige Pferdewippen.
www.steigerwald-t.de

Foto: Christiane Slawik

Stress beim Pferd

– vorausschauend agieren und Gefahren vermeiden

von Alexandra König

Pferde sind hochsensible Wesen und ihnen macht vieles Angst, was uns Menschen schon aus einem anderen Empfinden heraus völlig unberührt lässt. Stress beginnt in vielen Fällen nicht erst in dem Moment, in dem ein Pferd die Ohren spitzt, den Kopf angespannt in die Höhe reißt, erstarrt oder losrennt, sondern oft schon lange davor, während das Pferd dem Menschen noch ruhig und gelassen erscheint. Die ersten Anzeichen und Vorstufen von Angst und Stress sind für Pferdeliebhaber oft schwer zu erkennen, weil Pferde auch viel hinnehmen, bevor sie ihr Missfallen offen ausdrücken.

Um das besser verstehen zu können, möchte ich Sie ein Stück in die psychische, körpersprachliche und feinstoffliche Welt der gefühlten Energie in Bewegung bei Pferden mitnehmen. Pferde sind unter ihresgleichen in jeder Sekunde energetisch miteinander verbunden. Selbst im entspannten Zustand reißt dieser fühlende Bezug zu den anderen Herdenmitgliedern nicht ab. Auch beim Dösen und Entspannen bleiben etwa 20 Prozent der Wahrnehmung eines Pferdes, sein Seh-, Hör- und Geruchssinn, mit der Aufmerksamkeit bei der Herde. Pferde sind in ständiger Verbindung miteinander, sie fühlen sich gegenseitig und sind imstande, sich auf dieser feinen Ebene gegenseitig „auszulesen". Übertragen auf die Menschenwelt ist das in etwa so, als wenn wir den Fernsehsender NTV (Nachrichten TV) schauen: Im unteren Teil des Bildschirms läuft ständig eine Informationsleiste als Banner, die uns die neuesten Infos aus der Welt lesen lässt, während wir im restlichen Bildschirm eine x-beliebige Dokumentation ansehen.

Sobald sich ein anderes Pferd nur streckt, entspannt, kaut oder gähnt, bekommt das der abgestellte, wache Teil eines Pferdes mit. Diese Gleichzeitigkeit unterschiedlicher Wahrnehmungen mag uns anstrengend erscheinen, aber für Pferde ist sie selbstverständlich, weil sie die Fähigkeit haben, tief in sich zu ruhen und genau zu unterscheiden, ob Bewegungen oder Empfindungen eines anderen Pferdes alarmierend sind oder nicht. Innerhalb des Herdenverbandes bietet diese Art der klaren, feinen Wahrnehmung eine große Sicherheit für alle Pferde. Dies ist bereits die erste Ebene ihrer gemeinsamen Sprache.

Auf feinste Signale achten – so wie unser Pferd

Nun kommen wir Menschen auf die Weide mit dem Gedanken, unser Pferd zu holen und auf einen schönen Spaziergang mitzunehmen. Wir gehen in seine Herde, in der es diese tiefe Verbundenheit pflegt und kultiviert. Wir betreten die Koppel und bei der Begrüßung verpassen wir vielleicht schon, dass sich ein anderes ranghohes Pferd annähert, das uns auch interessant findet, und wir signalisieren dem Ranghohen nicht rechtzeitig, dass wir diese Annäherung nicht wünschen, weil wir auf unseren Liebling achten.

Schon hier beginnt die Saat von Stress für unser Pferd. Denn unser Pferd erkennt in Sekunden, dass es für ihn gefährlich sein könnte, zu uns zu kommen, weil wir vorab versäumt haben, dem ranghohen Pferd klar zu kommunizieren, dass es wegbleiben soll, bevor wir uns weiter unserem eigenen Pferd annähern. Das ranghohe Pferd könnte beabsichtigen, uns für sich zu beanspruchen, und unser Pferd dann wegbeißen. Stoppt unser Pferd dadurch schon vorher oder geht erst gar nicht in unsere Richtung los, weil es das weit vor uns erkannt hat, stellt es unsere Kompetenz infrage.

Dies sind die subtilen Sicherheitsfaktoren, anhand derer unser Pferd uns bei der ersten Begegnung einschätzt und damit die Basis für seine Überlebenschancen mit uns außerhalb seiner Herde abcheckt. Hier kann der Stress also beginnen.

Wir Menschen brauchen ein Verständnis für die „innere Checkliste" des Pferdes, auf die es viele Kleinigkeiten und Details packt, um beurteilen zu können, ob es sich später in wesentlich gefährlicheren Momenten auf uns verlassen kann oder nicht. Daher sollten wir als Erstes zu Hause die Pferdepsychologie und die Pferdesprache studieren, bevor wir zum Pferd gehen, und sei es nur zum Streicheln in seinem Auslauf. Hier pflanze und investiere ich in die spätere Lebensversicherung für mich, den Menschen. Denn Pferde sind absolut berechenbar und sicher, wenn der Mensch weiß, wie er ihre Fragen und Strategien friedlich beantworten kann. Dann können wir unserem Pferd ab der ersten Begegnung signalisieren, dass wir seine Welt der Ängste und sein großes Sicherheitsbedürfnis verstehen und ihm auch sämtliche Fragen, die es in Bezug darauf an uns hat, beantworten.

Aufmerksamkeit des Pferdes

So kann ein einziger Besuch in seinem Auslauf alles Weitere positiv verändern. Wenn unser Pferd in dem Beispiel von vorhin mit dem ranghohen Pferd in Sekundenschnelle von uns ein klares körpersprachliches Signal zu dem ranghohen Pferd sehen würde (eine Positionsveränderung von uns, die dazu führt, dass das ranghohe Pferd rechtzeitig abstoppt), wäre das schon ein Beweis unserer Kompetenz. Unser Pferd lernt dabei, dass auf uns hundertprozentig Verlass ist und dass wir wirklich auf es achten. Damit ist es aber noch nicht getan, denn die Achtsamkeit sollte in diesem hohen Maß stets weiter gepflegt werden. Wir investieren schließlich in unsere eigene Sicherheit.

Damit wir verstehen, worauf es unserem Pferd beim Kommunizieren wirklich ankommt, bleiben wir noch bei dem Beispiel im Auslauf mit dem ranghohen Pferd: Hier beobachtet unser Pferd auch noch, wie wir das ranghohe Pferd ansprechen. Denn daraus leitet ein Pferd ab, was es später selbst zu erwarten hat, wenn wir mit ihm umgehen. Dabei achtet es darauf, wie wir uns anfühlen, während wir mit dem anderen Pferd kommunizieren. Sind wir ruhig und bestimmt, mental kraftvoll, aber trotzdem freundlich, und erzielen damit schon eine Reaktion beim ranghohen Pferd? Oder müssen wir laut und aggressiv werden, um den Ranghohen anhalten zu können? Was macht unser Körper in diesem Augenblick? Können wir unsere bestimmende Absichtsenergie schon in ruhiger Bewegung vermitteln oder fuchteln wir mit einer Gerte oder einem schlenkernden Seil wie wild vor der Brust oder dem Kopf des ranghohen Pferdes herum?

Unser Pferd beobachtet dabei auch genau das Verhalten des ranghohen Pferdes. All diese schnell passierenden Aktionen zeigen unserem Pferd, wie wir Situationen regeln oder Probleme lösen und wie ernst wir von anderen Pferden genommen werden. Daher empfehle ich jede Umgangsmethode, mit Rücksichtnahme auf die Pferdepsyche, zu überprüfen. Wenn die Pferdepsychologie nicht ganzheitlich mit einbezogen wird, kann es schnell zu einer Anhäufung von Stresssituationen kommen.

Wenn wir ein Pferd mit einem dünnen Nervenkostüm haben, ist das aber ganzheitlich betrachtet auch ein Hinweis darauf, dass wir uns selbst darin üben dürfen, in die Ruhe zu kommen, und an mehr Erdung und Energiebewusstsein arbeiten sollten.

Wie kann das in der Praxis aussehen?

Lernen Sie, bewusst zu atmen, indem Sie im Alltag immer wieder ein paar Übungen einbauen. Sie können sich zum Beispiel drei Minuten Zeit nehmen, um bewusst Ihrem Atem zu folgen. Nehmen Sie wahr, wie er in den Körper ein- und wieder

Je ruhiger und geerdeter der Mensch, desto vertrauensvoller und ruhiger die Pferde. Jede kleinste Gemütsveränderung des Menschen wird registriert. *Foto: Peggy Wolff*

Das Führseil zeigt nicht nur die Abgrenzung zum eigenen Raum, sondern dient als verlängerter Arm der Kommunikation. *Foto: Peggy Wolff*

ausströmt. Diese einfache Übung schafft bereits ein verbessertes Körpergefühl, das ein Pferd nach ein paar Tagen durchaus wahrnehmen kann.

Wir Menschen sind oft gefangen in unserem eigenen Gedankenkarussell. Ein Pferd spürt diese Kopflastigkeit und findet in unserem Körper und Geist keinen Anker, mit dem es sich verbinden kann. Es erkennt aber Ihr Atembewusstsein, sofern Sie es auch kultivieren. Dieses „Energiebewusstsein" in der Praxis: Wir konzentrieren uns auf etwas Feinstoffliches wie den Atem und erhalten dadurch eine stärkere Präsenz in unserem Körper. Sie können mit Ihrem Pferd immer wieder zusammen atmen. Einatmen durch die Nase und ausatmen durch den Mund. Ihr Pferd wird wahrnehmen, dass Sie bemüht sind, Ihre Aufmerksamkeit zu bündeln. Dabei können Sie auch ein Gefühl dafür bekommen, wie es ist, aktiv bei sich und Ihrem Atem zu sein und 20 Prozent an Aufmerksamkeit Ihrem Pferd zu schenken. Probieren Sie aus, wie es auf diese Veränderung reagiert. Üben Sie das immer wieder an einem ruhigen Ort mit ihm, wo es nicht so abgelenkt ist. Später können Sie beim Gehen diese Übung aktiv mit einbauen, sofern das Pferd selbst auch in der Ruhe ist.

Wenn wir mit dem Pferd zu Fuß unterwegs sind, sollten wir bereits stark auf unsere Körpersprache achten. Der Arm, der an der Seite des Pferdes ist, ist die natürlichste und mächtigste Orientierungshilfe, die uns körperlich zur Verfügung steht. Wir lernen mit diesem Arm alle wichtigen Informationen, die dem Pferd als deutlich erkennbares Signal vermittelt werden können, an das Pferd weiterzugeben. In dieser Hand haben wir auch das Führseil, aber wenn wir nicht nur mit dem unnatürlichen Zug des Führseils arbeiten, sondern die viel feinere Kommunikation der Körpersprache verwenden, erkennt unser Pferd darin unsere Präsenz und sieht uns als pferdisch kompetent an.

Auf die Spannung kommt es an

Ein hängender Arm steht für Entspannung. Ist er jedoch schlaff und ohne Bewusstsein, so signalisiert er dem Pferd, dass wir schlafen. Wenn das Pferd etwas sieht und den Kopf zur Seite neigt, sollte der Arm sich mit dem Pferdehals mitbewegen. Das Pferd nimmt die synchrone Bewegung wahr und registriert, dass wir an dem, was es sieht, ebenfalls interessiert sind. Somit weiß das Pferd, dass wir in Verbindung mit ihm sind. Wenn das Pferd zum Beispiel Gras sieht und wir mit dem Arm nicht reagieren, bevor es schon mit dem Kopf zur Hälfte abgetaucht ist, dann weiß es, dass wir schlafen. Das kann irgendwann seinen Tod bedeuten und kommt als Vermerk auf seine innere Checkliste für unsere Kompetenz. Wenn es in unseren

Die Körperspannung des Menschen kann für das Pferd Sicherheit bedeuten. Ist sie schlaff, ohne Regung, bedeutet es etwas anderes, als wenn sie gespannt und klar ist. Dementsprechend reagieren Pferde darauf. *Foto: Peggy Wolff*

Pferde, bei denen die Grundregeln der Körpersprache nicht eingehalten wurden, tendieren dazu, in den Raum des Menschen einzudringen. Dabei kann ein verlängerter Arm in Form eines Holzstabes helfen. *Foto: Peggy Wolff*

Raum kommen möchte, wir den Arm rechtzeitig heben und so unseren Bereich mit einer entspannten Bestimmtheit abgrenzen und den Arm danach gleich wieder senken, fühlt sich das Pferd sicher und wahrgenommen. Diese kleinen Signale in der Körpersprache geben dem Pferd so viel Sicherheit, dass es sich in Momenten der Gefahr immer an uns orientieren wird. Bestenfalls in einem für uns sicheren Abstand von circa 80 Zentimetern.

Abgrenzung als Kompetenz

Wenn ich ein Pferd übernehme, das es gewohnt war, sehr nah am Menschen geführt zu werden, und daher zum Risiko in Gefahrensituationen wurde, weil es schon mal in den Körper hineinrempelte, nehme ich mir einen Holzstab als Verlängerung zu meinem Arm. Das ermöglicht es mir, meinen Raum noch viel früher mit dem Holzstab zu schützen. Das Pferd lernt so, dass es bei sich bleiben kann und trotzdem nicht auf eine körpersprachliche Verbindung mit mir verzichten muss. Dies macht das Pferd viel selbstbewusster und gibt ihm wesentlich mehr Selbstvertrauen, als wenn ich es immer nur sehr nah neben meiner Schulter gehen lasse. Ich baue also das Vertrauen eines Pferdes in mich nur durch aktive Kommunikation auf und nicht durch eine mechanische Konditionierung von Bewegungsabläufen.

Meiner Erfahrung nach können wir noch so viel Gelassenheitsübungen auf einem Reitplatz trainieren – mit den realen Ängsten von Pferden im Gelände haben diese unnatürlichen Reize oft nur wenig zu tun. Solche Dinge können wir mit einem Pferd trainieren, aber diese Umgangsmethoden werden ihm dennoch nicht seine instinktiven Fragen beantworten. Es sind aber genau die Antworten auf diese Fragen, die ein Pferd braucht, um sicher zu werden, und die uns als kompetent erscheinen lassen.

Eine wichtige allgemeine Regel, die ich meinen Schülern immer mitgebe, wenn ihre Pferde gestresst sind, ist, stets in eine Richtung in Bewegung zu bleiben – nicht zu kreisen oder gar zu stoppen. Auch wenn man aufgeregt ist, sollte man versuchen, nach außen hin ruhig zu bleiben und alles zu tun, was die jeweilige Situation gerade erfordert. Die Energie ihrer beharrlich gelassenen Reaktion wird dem Pferd helfen, die Angst zu überwinden und seinen Stress nach und nach abzubauen. Denn bei Aufregung und Energiestau braucht das Pferd ein Ventil. Wird es zum Stehen oder Ruhigsein gezwungen, angeschrien oder gar bestraft, kann das zu einer explosionsartigen Gegenreaktion des Pferdes führen, da es versucht, die angestaute Energie loszuwerden.

Also immer weitergehen, Angebote machen zur Ablenkung, reden oder singen – all diese Dinge werden dem Pferd helfen, wieder zurück in die Balance zu kommen.

Stress am Anbinde- oder Putzplatz

Wenn das Pferd am Putzplatz gestresst ist, empfehle ich je nach Wesenstyp, emphatisch auf das Pferd einzugehen. Ein hochsensibler Araber, der nervös hin und her wandert, kann schnell ruhig werden, wenn man mit ihm mitwandert, während man so tut, als wäre nichts, und einfach unbeeindruckt weiterputzt. Man kann zum Beispiel statt der Bürste vermehrt eine kraulend-kreisende Hand einsetzen, denn durch die Berührung und den Körperkontakt hat man direkten Einfluss auf den Pferdekörper.

Ist das Pferd gestresst, arbeite ich am Putzplatz oder beim Gewöhnen an das Hufeputzen oder -bearbeiten auch immer gern mit einem Heunetz, oder ich gehe täglich dorthin, um ihm sein Mineralfutter zu verabreichen. Mit all diesen emphatischen Hilfestellungen für unser Pferd erhalten wir eine Beziehung, die auf wirklichem Vertrauen basiert anstelle von Gehorsam und Unterordnung.

Anzeichen von Stress beim Pferd

- Schweifschlagen
- Gähnen
- Den Kopf an den Beinen reiben oder das Halfter abstreifen wollen
- Das Pferd beginnt, mit dem Körper zu schieben
- Schnelle Kopfbewegungen
- Feste Maulpartie
- Weit geöffnete Augen
- Angespannter Hals
- Eingezogener Schweif
- Tänzeln
- Scharren der Hufe
- Äpfeln
- Aufgeblähte Nüstern
- Häufiges Wiehern
- Permanentes Ohrenspiel

So mancher Koloss, wie mein dreijähriger Friese Finn, beruhigt sich schnell, wenn ich ihn putze und nebenbei ein Lied summe. *Foto: Peggy Wolff*

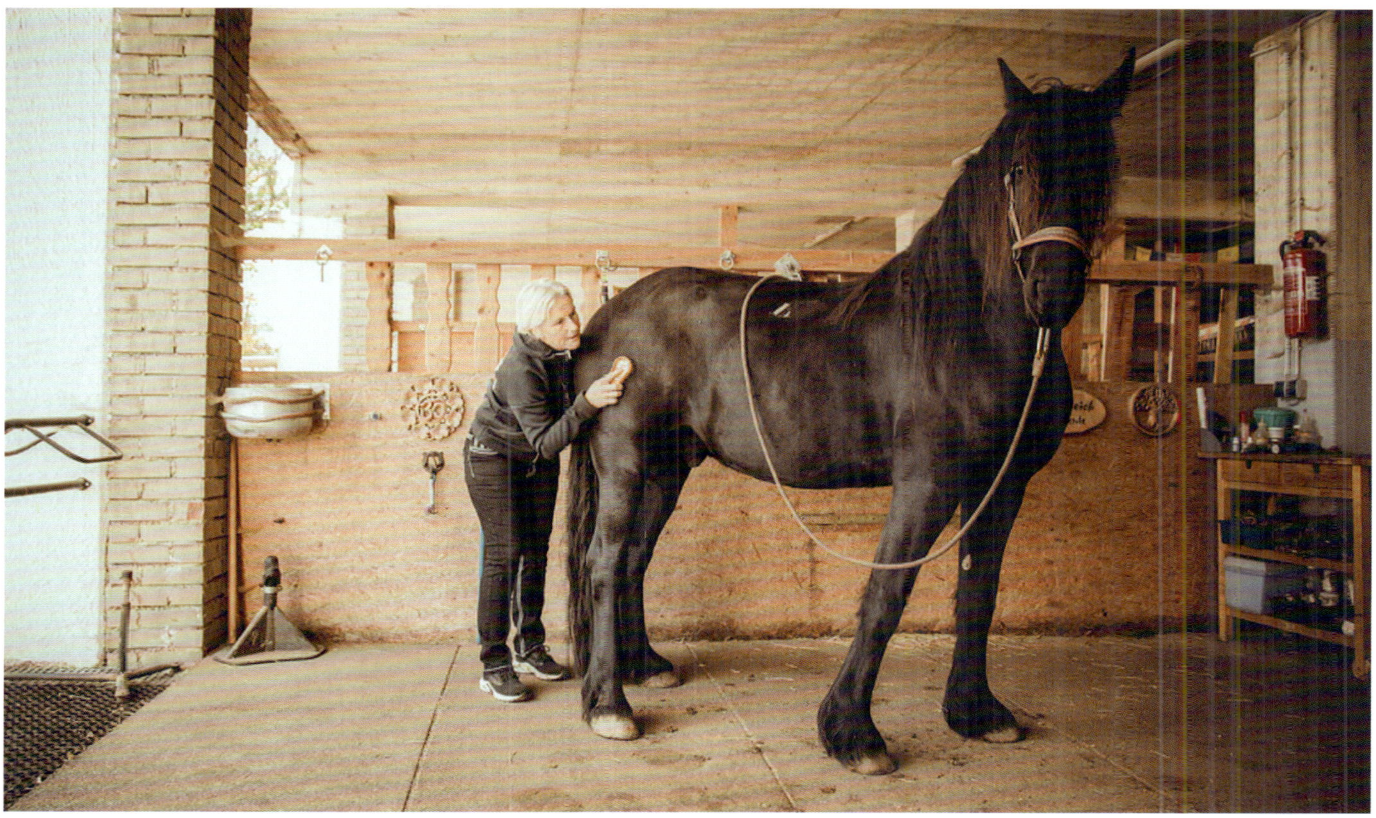

Sedats Geschichte

Foto: Sandra König

Wie fein und sensibel Pferde reagieren können, möchte ich Ihnen noch anhand eines Pferdes beschreiben, das seit 15 Monaten bei mir ist. Sedat ist ein zwölfjähriger Araberwallach aus Süditalien. Als Hengst wurde er elf Jahre lang in einer Box eingesperrt. Als er irgendwann seinen Besitzer biss, ließ ihn dieser zur Strafe über ein Jahr bis auf die Knochen herunterhungern und schlug ihn wohl auch des Öfteren. All das führte dazu, dass Sedat immer gefährlicher wurde, sogar so wild um sich schlug, dass er dabei Löcher in den Wänden hinterließ. Als man ihn schließlich

Pferde wie Sedat sind zutiefst unverstandene Tiere. Es gilt, auf feinste Zeichen zu achten, alles andere wäre lebensgefährlich. Vorsicht – solche Pferde gehören in die Hand von feinfühligen Profis, die ihnen Zeit geben! *Foto: Sandra König*

Video zu Sedat:

entdeckte, versuchten ihn drei Männer mit eher hilflosen Methoden wie Würgen mit einem Lasso und Schlägen ins Gesicht und auf die Flanke aus seiner misslichen Lage zu befreien. Bei einer anschließenden Kastration unter Vollnarkose stellte man fest, dass der arme Kerl seit Jahren furchtbare Schmerzen an seinen Hoden haben musste, weil diese verdreht waren.

Als Sedat schließlich bei mir am Hof ankam, reagierte er auf jede noch so leise Stimme, die er auf eine Entfernung von 200 Metern wahrnahm, bereits mit Schlägen gegen den Zaun, die Mauer oder andere Gegenstände. Diese Strategie hatte er sich angewöhnt, um auf seinen Hunger und seine Not aufmerksam zu machen. Gleichzeitig signalisierte er aber auch, dass er zu jedem tödlichen Rückschlag bereit war, wenn ein weiterer Schlag oder Angriff auf ihn stattfinden würde. Obwohl ihm bei mir am Hof rund um die Uhr Heu zur Verfügung stand und er sich keine Sorgen um sein Überleben machen musste, waren seine seelischen Verletzungen immens. Ich durfte ihn drei Monate lang nicht ansehen, konnte ihm in dieser Zeit nur mit zu Boden gerichtetem Blick und ohne jegliche Emotion und unter Einhaltung eines Abstands von zehn Metern Heu bringen.

Sedat studierte jeden Tag meine Körpersprache, beobachtete meine Blicke, und wehe, ich versuchte einmal, ihn in einem Abstand von weniger als fünf Metern auch nur ganz kurz anzusehen, dann schlug er sofort mit den Vorderhufen nach vorn aus und drohte mir. Nach einem Jahr bei mir ist er nun etwas entspannter. Dennoch reagiert er sofort auf jeden neuen Menschen und dessen ausstrahlende Energie. Kommen zusätzlich noch unbewusste Bewegungen dazu, löst es in ihm eine derartige Todesangst aus, dass er Kampf als einzigen Weg sieht. Durch sein Eingesperrtsein musste er immer alles aushalten und über sich ergehen lassen.

Seit einiger Zeit versteht er endlich, dass er die Option hat, wegzugehen, wenn er nicht möchte, dass ein Mensch ihm näher kommt. Dazu muss man ihn aber zwingen, denn er wünscht sich gleichzeitig Nähe und Zuneigung, die er dann aber nicht aushalten kann, was dazu führt, dass er zuschlägt. Mit Sedat durfte ich noch einmal viel tiefere Ebenen der Wahrnehmung kennenlernen, die über sämtliche Vorstellungen unseres menschlichen Verstandes hinausgehen.

Wenn auch in sehr viel harmloserer Form als in Sedats Beispiel, lernen Pferde, die immer fest an Longen und Halfter gehalten oder in einem Round Pen bis zur Unterordnung getrieben werden, dass sie alles aushalten müssen. Wenn solche Pferde dann im Gelände von ihrer Angst überwältigt werden, kommt es oft zu Unfällen, bei denen Menschen verletzt werden. Das Pferd sieht den Menschen in dieser Situation nicht als Anker, der ihm Sicherheit gibt, sondern als den, der es augenscheinlich in der Gefahr festhält.

Alexandra König hat in jahrelanger Forschung mit den unterschiedlichsten Pferden chi horsing entwickelt und vor zehn Jahren ihre eigene Schule, die Saliho School, gegründet – aus dem Bedürfnis heraus, die oft von Unverständnis geprägten Beziehungen zwischen Mensch und Pferd in Harmonie und Leichtigkeit zu begleiten. Alexandra König bringt ihren Schülern die fernöstlichen Lehren näher, schärft ihr spirituelles Bewusstsein und gibt ihnen die Möglichkeit, Zusammenhänge zu erkennen, Denkmuster und falsche Glaubenssätze zu entlarven und aufzulösen.
www.chi-horsing.com

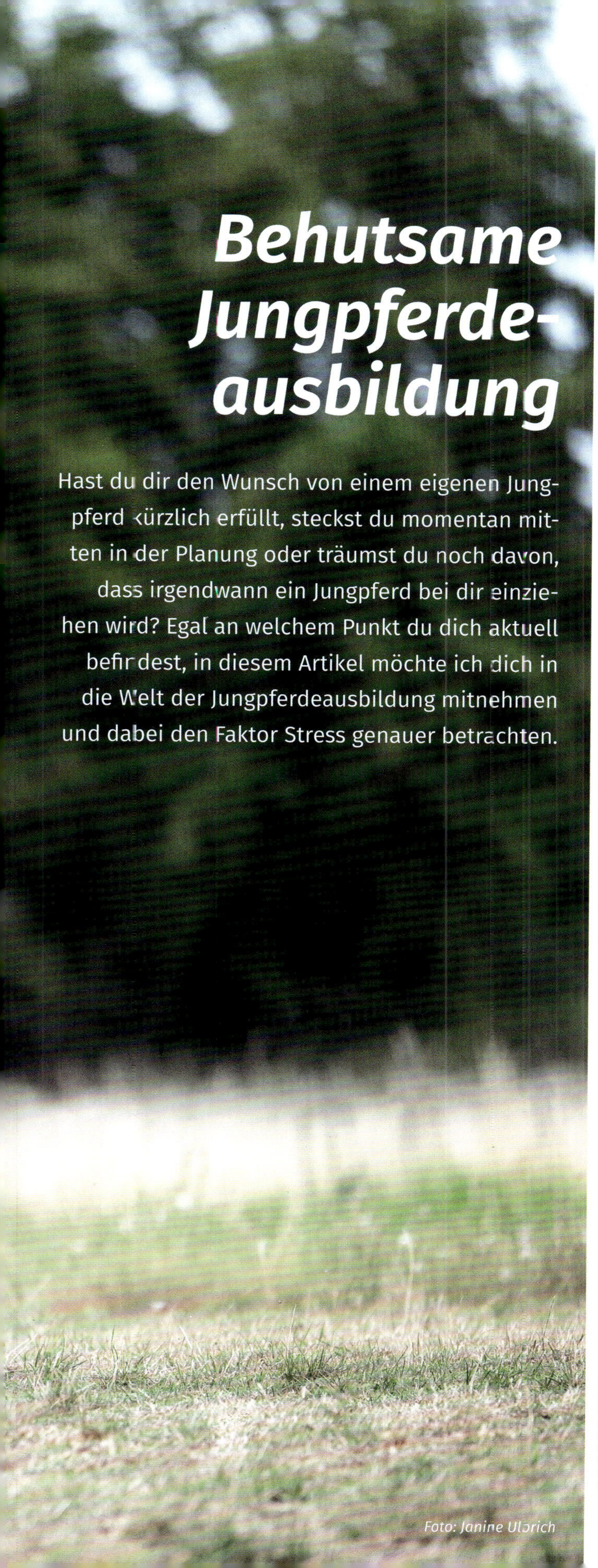

Behutsame Jungpferdeausbildung

Hast du dir den Wunsch von einem eigenen Jungpferd kürzlich erfüllt, steckst du momentan mitten in der Planung oder träumst du noch davon, dass irgendwann ein Jungpferd bei dir einziehen wird? Egal an welchem Punkt du dich aktuell befindest, in diesem Artikel möchte ich dich in die Welt der Jungpferdeausbildung mitnehmen und dabei den Faktor Stress genauer betrachten.

Foto: Janine Ulbrich

Ein stressfreies Miteinander entwickeln

von Lukas Umbach

Doch wann ist ein Pferd per Definition ein Jungpferd? Von einem Jungpferd spricht man bei einem Pferd, das sich in der Altersspanne zwischen drei und sieben Jahren befindet. Diese Angabe soll jedoch nur als grober Anhaltspunkt gelten. Auch ältere Pferde, die in ihrem bisherigen Lebenslauf noch nicht viele Erfahrungen sammeln konnten, bezeichne ich persönlich als Jungpferde, wenn sie bisher beispielsweise nur auf einer Wiese standen und noch nicht mit ihnen gearbeitet wurde. In diesem Artikel geht es bewusst nur um Pferde ab dem Alter von mindestens drei Jahren. Jüngere Pferde sollten im Optimalfall in einer Aufzuchtgruppe stehen und mit der Ausbildung sollte überhaupt noch nicht begonnen werden.

In diesem Zusammenhang möchte ich mit dem Gerücht aufräumen, dass man ein Pferd zu stark macht, wenn man es später anreitet und/oder vor dem Anreiten am Boden schon weiter ausbildet. Dieses Gerücht hält sich leider hartnäckig. Wer daran glaubt, sollte seine Trainingsphilosophie grundlegend überdenken. Wenn man länger mit der Ausbildung wartet, ist das Pferd körperlich weiter gereift, im Idealfall durch die vorhergehende Bodenarbeit weniger schief und in einer besseren Balance. Warum sollte es diese gewonnene Stärke gegen den Menschen nutzen? Genau das Gegenteil ist der Fall. Je länger man mit dem Anreiten wartet und je weiter man das Pferd am Boden schult, desto einfacher, stressärmer und sicherer werden alle weiteren Schritte. Ich empfehle dir, auf jedem Fall mit dem Anreiten mindestens zu warten, bis dein Pferd viereinhalb Jahre ist, besser sogar länger. Somit hast du eineinhalb Jahre Zeit, dein Pferd am Boden auf seine späteren Aufgaben vorzubereiten.

Häufig bietet der Beginn der Ausbildung eines jungen Pferdes viel Potenzial für Stress, zum Beispiel dann, wenn man das Pferd kürzlich gekauft hat und es nach einem damit in der Regel verbundenen Stallwechsel noch seinen Platz in der Herde sucht. Parallel dazu lernt man es in dieser Phase kennen. In dieser Zeit wird das Pferd mit vielen neuen Eindrücken konfrontiert. Es lernt neue Dinge kennen und wird an bisher unbekannte Aufgaben herangeführt.

Stress gehört zum Leben dazu

Ganz egal, wie sehr man sich auch bemüht, es wird einem nicht gelingen, das Training komplett stressfrei zu halten beziehungsweise das Pferd von jeglichen Stressoren fernzuhalten. Mit anderen Worten: Stress gehört in gewisser Hinsicht zum Leben dazu. Auf jeden Organismus wirken permanent Reize von außen ein, die ihn beanspruchen. Dennoch können wir durch unser Handeln wesentlich dazu beitragen, gewisse Stressoren zu minimieren oder sogar vollkommen abzustellen. Eine artnahe, an den Bedürfnissen des Pferdes orientierte Haltung und Fütterung, ausreichend Platz, Bewegungsanreize und Sozialpartner sind die Basis für ein produktives Training und einen Rahmen, in dem das Pferd in seiner freien Zeit einen Ausgleich zum Training hat und sich erholen kann. Werden die natürlichen Bedürfnisse des Pferdes aufgrund suboptimaler Haltungsbedingungen nicht befriedigt und laufen dauerhaft stresshafte Prozesse ab, so bietet dies keine gute Grundlage für einen guten Start ins Training. Diese Prozesse können auch unterschwellig und schleichend ablaufen. Bietet die Haltungsform deines Pferdes ihm Ruhe und Sicherheit?

Das Pferd darf sich langsam mit dem Sattel oder dem Pad vertraut machen.
Foto: Lara Hobrecht

Einzelne Trainingseinheiten sollten kurz gehalten werden, so wird die Konzentrationsspanne des jungen Pferdes nicht überbeansprucht.
Foto: Rosah Sahin

Das Prinzip der kleinen Schritte

Eine durchdachte Vorbereitung schafft die Basis für alles Weitere. In jedem Fall zahlt sich eine gute körperliche und mentale Vorbereitung auf die zukünftigen Aufgaben eines Reitpferdes absolut aus. Jegliche Zeit, die man in dieser Phase sinnvoll investiert, wird es dem Pferd und einem selbst später einfacher machen und einen vielfachen Nutzen mit sich bringen. Alles das, was das Pferd am Boden bereits verstanden hat, muss es nur noch nach oben übertragen. Es muss also nur lernen, die Hilfe des Reiters von oben neu zu interpretieren. Natürlich fällt ihm dieser Übertragungsschritt viel leichter, als eine Hilfe und ihre Bedeutung in diesem Moment grundlegend neu zu erlernen.

Empfehlenswert ist immer, alles, was man dem Pferd für seine Zukunft beibringen möchte, kleinschrittig und spielerisch zu erarbeiten, denn so lernen Pferde am besten. Die Lerneinheiten sollten kurz gehalten werden und man sollte ein Gefühl dafür entwickeln, wann der beste Zeitpunkt gekommen ist, um eine Einheit zu beenden. Insbesondere bei jungen Pferden kann dies bereits nach wenigen Minuten der Fall sein, weil sie noch nicht in der Lage sind, sich lange zu konzentrieren.

Lernen findet immer und überall statt

In diesem Zusammenhang ist es wichtig, sich bewusst zu machen, dass Lernen in jeder Sekunde stattfindet, nicht erst dann, wenn wir vorhaben, dem Pferd etwas beizubringen. Der

Ein junges Pferd darf durch die Bodenarbeit erst in seine Balance finden. Dadurch bereitet man es zeitgleich darauf vor einen Reiter zu tragen.
Foto: Janine Ulbrich

Mensch entscheidet also nicht, wann das Pferd lernt, kann aber mit beeinflussen, was das Pferd in seiner Gegenwart lernt. Man darf sich dabei angewöhnen, kreativ zu sein und aus allem eine Übung zu machen.

Ich habe mir angewöhnt, potenziell stressige Situationen im Vorfeld losgelöst vom Ernstfall zu üben, damit sie im Fall der Fälle möglichst entspannt ablaufen. Ein Paradebeispiel hierfür ist wohl das Verladen. Häufig verladen wir unsere Pferde erst dann, wenn es sein muss. Das Pferd spürt unseren eigenen Stress, und ehe wir uns versehen, passiert beim Verladen ein eigentlich vermeidbarer Fehler. Schon verbindet das Pferd etwas Negatives mit dem Hänger. Warum also nicht unabhängig von der Notwendigkeit, das Pferd zu verladen, in mehreren kleinen Etappen die Neugierde eines jungen Pferdes ausnutzen und das Verladen positiv besetzt in kleinen Schritten aufbauen? Kleinschrittig würde in diesem Zusammenhang bedeuten, sich von der Vorstellung zu lösen, dass das Pferd in einer ersten Trainingseinheit bereits im Hänger stehen muss.

Aufbau einzelner Trainingsschritte

Ein weiteres Beispiel für das Prinzip der kleinen Schritte wäre die Gewöhnung an das Tragen eines Sattels. Je nach Pferdetyp kann das erste Mal von wenig spannend bis hin zu total gruselig ablaufen. Wie wäre es, zuerst eine Satteldecke beim Putzen über den Rücken zu legen, an einem anderen Tag behutsam mit einem Deckengurt zu gurten und einige Tage später ein Reitpad im Rahmen einer Bodenarbeitseinheit auf den Rücken zu gurten? Nach diesem Prinzip sichert man sich viele kleine Lernschritte nacheinander bei minimalem Stresslevel ab. Wenn dabei doch einmal Stress auftritt, was sich nicht gänzlich vermeiden lässt, so wird bei dieser Vorgehensweise schneller deutlich, bei welchem Schritt genau das Pferd ein Problem hat. Der Mensch hat dadurch die Möglichkeit, viel detaillierter darauf einzugehen. Das Verrückte an der ganzen Sache: In der Regel ist man auf diese Art und Weise viel schneller als mit der „Hauruckmethode", eben weil sich keine Widerstände unbemerkt aufbauen. Achtsamkeit und geplantes Handeln zahlen sich also aus.

Unter einem zu hohen Stresslevel ist nachhaltiges Lernen nicht mehr möglich. Kommt es wieder und wieder zu einem für das junge Pferd zu hohen Stresspegel, so mindert dies auf Dauer die Motivation des Pferdes gegenüber dem Training. Das kann sich langfristig sogar negativ auf die Gesundheit auswirken.

Absolut wichtig sind Pausen im Training. Zum einen können das Pausen innerhalb einer Trainingseinheit sein, die Pferd und Mensch den Raum schaffen, kurz durchzuatmen. Aber auch Pausen zwischen dem Training, also Zeit, in der sich das Gelernte setzen kann. Sollte es doch einmal stressig gewesen sein, so braucht man Zeit, um sich davon zu erholen, ganz egal, ob man ein Mensch oder ein Pferd ist. Des Weiteren lernt das Pferd in Pausen mit dem Menschen, diesen nicht immer nur mit Anstrengung und Aktivität zu verbinden.

Wer ist mein Gegenüber?

Es ist wichtig, dass du lernst, dein Pferd einschätzen zu können. Pferde sind wie wir Menschen sehr unterschiedlich und bringen sehr verschiedene Anlagen und Themen mit ins Training. Jedes Pferd hat ein eigenes Stressempfinden, ist unterschiedlich tolerant Stressreizen gegenüber und hat seine eigene Resilienz. Mit was für einem Typ von Pferd hast du es zu tun? Wie schnell ist es gestresst? Und vor allem: Wie zeigt es dir diesen Stress? Ist es eher introvertiert/passiv und frisst Stress förmlich in sich hinein oder neigt es zu extrovertiertem/aktivem Verhalten und entlädt sich schnell?

Im Rahmen der Bodenarbeit entwickeln wir eine Kommunikation mit dem Pferd. So können wir Situationen, in denen Stress entsteht schnell lösen. *Foto: Lara Hobrecht*

Wenn das Pferd noch in seinen Körper hineinwachsen muss

Es gibt außerdem auch Stress, der entstehen kann, weil das junge Pferd noch nicht in seinen Körper hineingewachsen ist und infolgedessen nicht in der Lage ist, eine bestimmte Aufgabe zu erfüllen. Ein Beispiel hierfür wäre ein junges Pferd, das unter dem Reiter noch sehr wenig ausbalanciert ist und deshalb seinem Gewicht hinterherläuft, weil es noch nicht in der Lage ist, einen Reiter zu tragen. Aus Angst, sein Gleichgewicht zu verlieren, und weil es sich in dieser Situation körperlich unwohl fühlt, gerät es dabei in Stress. Diese Situation ist aber nicht nur stressig, sondern auch frustrierend. Stress und Frustration beeinflussen das Lernen negativ und mindern die Motivation.

Im Übrigen ist es nicht selten der Fall, dass ein Pferd im Verlauf des Wachstums sein gewonnenes Körpergefühl phasenweise wieder verliert. Dinge, die kürzlich gut funktioniert haben, sind dann von heute auf morgen plötzlich nicht mehr möglich, wie auf der richtigen Hand in den Galopp anzuspringen. Solche Situationen bieten ebenfalls eine Menge Stresspotenzial und Raum für Frustration auf beiden Seiten. Häufig ist es der stimmigste Ansatz, einige Wochen auf den Galopp zu verzichten, bis der Wachstumsschub abgeschlossen ist und das Pferd physiologisch wieder in der Lage ist, den Galopp korrekt auszuführen.

Stress kann ansteckend sein

Auch die eigene Verfassung spielt eine Rolle. Ganz wichtig ist es bei der Kontaktaufnahme mit seinem Pferd, auf die eigene Gemütslage und den eigenen Stresspegel zu achten. Wie war der Tag in der Arbeit? Gibt es momentan ein Thema, das einem Sorgen bereitet, einen belastet oder wütend macht? Pferde haben unglaublich feine Antennen dafür und nehmen Schwingungen viel feiner wahr als man selbst. Der eigene Stress wird sich ungewollt auf das Pferd übertragen. Insbesondere mit einem jungen und noch unerfahrenen Pferd ist unter Umständen ein Tag, an dem man selbst innerlich gestresst und aufgewühlt ist, kein guter Tag für ein neues Abenteuer. Es gibt Tage, an denen ist alles scheinbar zum Scheitern verurteilt und nichts will so richtig gelingen. In so einem Fall bricht man am besten einfach ab, bevor man in einen Teufelskreis gerät und der Stress sich potenziert. Morgen ist ein neuer Tag.

Massagen fördern die Gelassenheit des Pferdes, und die Verbundenheit zum Menschen wird zeitgleich gestärkt. *Foto: Janine Ulbrich*

Ein geringer Stresslevel und die Sicherheit des Pferdes und des Menschen gehören zusammen. Immer dann, wenn der Stresspegel hoch ist, funktioniert das Denken schlecht. Unter Stress ist ein Teil des Gehirns quasi blockiert und die Konzentrationsfähigkeit des Pferdes ist stark gemindert, so entsteht der Raum für eigentlich vermeidbare unschöne Situationen oder sogar Unfälle. Wer versucht, Stress zu vermeiden und Anzeichen dafür frühzeitig zu erkennen, ist also in der Regel sicherer unterwegs.

Was tun, wenn doch mal Stress entsteht?

Man kann den Stresspegel zwar beeinflussen, jedoch nicht in Gänze. Was tut man, wenn man bemerkt, dass das Jungpferd gestresst in einer bestimmten Situation ist? Das ist zwar leichter gesagt als getan, aber selbst einen kühlen Kopf zu bewahren ist schon die halbe Miete. Steigen wir auf den Stress ein, so fühlt sich das Pferd unter Umständen noch in seinem Stress bestätigt. Es denkt sich, dass die Mülltonne am Wegesrand tatsächlich gefährlich und der Weg somit unpassierbar ist. Man kann aber den Umgang mit einer gruseligen Situation, wie den Umgang mit der genannten Mülltonne oder einer Plane, beeinflussen. Getreu dem Motto: „Hey, das gucken wir an." Neugierde wecken anstatt Ängste bestärken: Mutig sein will gelernt sein.

Das bedeutet aber nicht, dass wir den Stress unseres Pferdes, auch wenn er für uns in manchen Situationen nicht nachvollziehbar ist, nicht ernst nehmen sollen. Ganz im Gegenteil, jedes Signal darf und soll wahrgenommen werden, damit wir unser Handeln daraufhin anpassen können. Wenn es unser Pferd stresst, einen Sattelgurt zu tragen oder am Putzplatz nah an einem ranghöheren Pferd zu stehen, so ist es immer unsere Aufgabe, die Not des Pferdes anzuerkennen, auch wenn sie uns manchmal unangemessen erscheint. Generell sollten wir uns angewöhnen, bei Widersetzlichkeit immer aufmerksam zu sein und den Grund dafür zu suchen. Hat das Pferd vielleicht etwas nicht verstanden?

Rituale und Massagen etablieren

Es eignet sich in diesem Zusammenhang, im Vorfeld Ruherituale zu etablieren. So kann man Pausen im Training immer an der Aufstiegshilfe verbringen. Im Fall, dass mal etwas stressig wird, geht oder reitet man zur Aufstiegshilfe, und das junge Pferd wird diesen Ort mit Ruhe verbinden, weil es dies im Vorfeld so gelernt hat.

Eine weitere Möglichkeit ist es, neue Gegenstände, die unter Umständen gruselig sein könnten, immer mit der Gerte abzuklopfen und das Pferd diese Gegenstände danach mit der Nase berühren zu lassen. Auf diese Art und Weise lässt sich das Signal „Touch" etablieren und das Pferd wird dabei unterstützt, neuen Gegenständen offen gegenüberzutreten.

Ich massiere meine Pferde und streiche ihren Hals aus, wenn ich Anspannung bemerke. Das beruhigt nicht nur für den Moment, sondern unterstützt das Vertrauen, und so entwickelt sich eine natürliche Verbundenheit.

Lukas Umbach fühlte sich seit seiner Kindheit zu Pferden hingezogen. Dabei ging es ihm um das Wesen Pferd und nicht nur um das Reiten. Sein erstes Pferd, Alf, einen Haflinger, bekam er von seinen Eltern geschenkt. Nach seinem Abitur entschied er sich, Soziale Arbeit mit den Studienschwerpunkten Beratung und Gesundheit zu studieren. Der Wunsch, seine Liebe zu den Pferden mit seinem Beruf zu verknüpfen, wurde jedoch immer stärker, und seit 2014 hat er diese Passion zu seiner Berufung gemacht.

www.lukasumbach.de

Gemeinsame Zeit am Boden
Bodenarbeit ist mehr als nur Pferdeausbildung – Dialoge eröffnen und Vertrauen schaffen
Lukas Umbach/Kati Westendorf
128 Seiten, broschiert
ISBN 978-3-95847-022-4
€ 19,90

Foto: Christiane Slawik

Cushing-Symptome

als Folge von Langzeitstress

von Dr. Christina Fritz

Die Diagnose Cushing bei Pferden wird immer häufiger gestellt. War es bis in die 1980er-Jahre hinein noch eine „sehr seltene Erkrankung bei sehr alten Pferden“, betrifft es heute über 20 Prozent der Pferde und Ponys über 15 Jahren, das sind fast 3 Prozent der gesamten Pferdepopulation. Und das, obwohl Pferde eigentlich gar nicht dazu neigen, Tumore zu bilden, und beim Menschen nur etwa 0,01 Prozent der Bevölkerung Cushing-Symptome entwickeln. Wie kann es also sein, dass trotzdem so viele Pferde betroffen zu sein scheinen?

Pferde mit Symptomen, die denen von Menschen mit Morbus Cushing ähneln, wurden das erste Mal in den 1970er-Jahren in der wissenschaftlichen Literatur beschrieben. Schon früh hat man sich darauf festgelegt, dass es sich bei den betroffenen Pferden um solche handelt, die einen gutartigen Tumor am mittleren Teil der Hypophyse haben, ein sogenanntes Hypophysenadenom. Daher auch die heute häufig verwendete Bezeichnung „Pituitary Pars Intermediate Dysfunction“, kurz PPID. Dabei war schon seit den 1960er-Jahren bekannt, dass Menschen solche Symptome entweder aus einer Störung der Hypophyse oder einer Störung der Nebennieren heraus entwickeln können. Entsprechend unterscheidet man bei uns Zweibeinern auch zwischen „zentralem“ Cushing, das von der Hypophyse ausgeht, und „peripherem“ Cushing, das von anderen Faktoren, meist den Nebennieren, verursacht wird.

Pferde mit Cushing-Symptomen wurden in den 1970er- und 1980er-Jahren insgesamt recht selten diagnostiziert, sodass die Erkrankung lange Zeit ein Nischendasein führte. Das änderte sich, als in den 1990er-Jahren erste Studien erschienen, die einen positiven Effekt des humanen Medikaments Pergolid® auf Pferde mit Cushing-Symptomen beschrieben. Das Medikament war zu der Zeit bereits in seiner Anwendung bei Menschen mit Morbus Parkinson in der Kritik aufgrund seiner starken Nebenwirkungen. 2004 wurden die Anwendungsbereiche auf Anweisung der Behörden deutlich eingeschränkt, 2007 musste es in den USA und 2011 auch in der EU vom Markt genommen werden. Der Grund dafür war, dass die Patienten unter schweren Nebenwirkungen wie Depressionen, ataxieartigen Störungen im Bewegungsablauf oder fibrotischen Veränderungen der Herzklappen litten. Letzteres führte in vielen Fällen zu Kurzatmigkeit, Husten und teilweise Herzversagen. Man führte die starken Nebenwirkungen darauf zurück, dass es sich bei dem Wirkstoff um eine sogenannte Dirty Drug handelt, da er nicht nur an Dopamin-Rezeptoren, sondern auch an andere Bindungsstellen andocken kann mit unvorhersehbaren Ergebnissen.

Ab 2007 erschienen dann vermehrt Studien, in denen die positive Wirkung von Pergolid® auf Pferde mit Cushing-Symptomen untersucht wurde. 2010 wurde das Medikament unter dem Namen Prascend® für die Anwendung bei Pferden

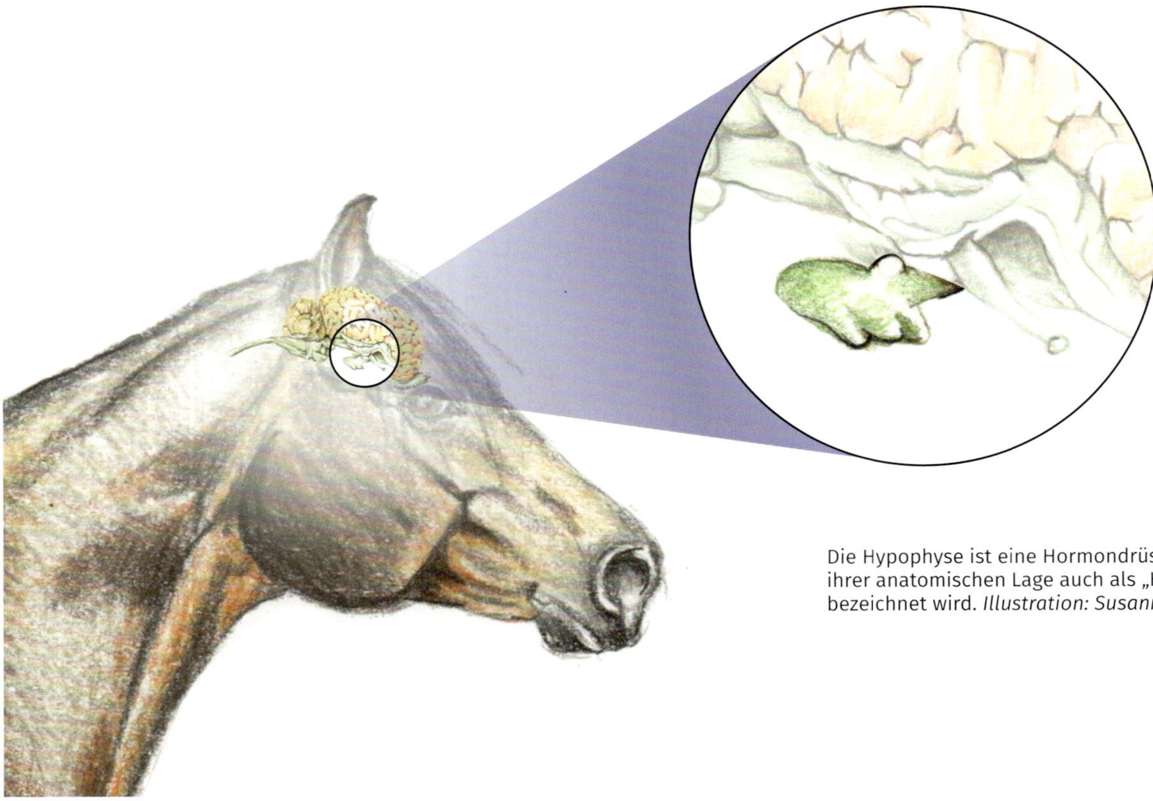

Die Hypophyse ist eine Hormondrüse, die aufgrund ihrer anatomischen Lage auch als „Hirnanhangsdrüse“ bezeichnet wird. *Illustration: Susanne Retsch-Amschler*

zugelassen und in der Folge vervielfachte sich die Diagnose „Cushing“ in den Ställen. Einer der Gründe für die extrem häufige Diagnose war sicher, dass die diagnostischen Tests kostenlos vom Hersteller des Medikaments angeboten wurden. Dabei wird die Diagnose „Cushing“ bei Pferden einzig anhand des ACTH-Werts im Blut ermittelt. Bei Pferden mit einem Hypophysenadenom ist der ACTH-Wert auch erhöht. Jedoch auch bei Pferden, die unter Stress stehen. Und so werden immer öfter kerngesunde Pferde mit „Cushing“ diagnostiziert.

Was ist der ACTH-Wert?

Um zu verstehen, warum die Diagnostik problematisch ist, muss man sich etwas genauer damit beschäftigen. Der Begriff „ACTH“ ist eine Abkürzung für Adrenocorticotropes Hormon. Es ist ein Hormon, das von der Hypophyse ausgeschüttet wird. Die Hypophyse nimmt eine zentrale Stellung im Hormonsystem ein, denn sie steuert über die Ausschüttung ihrer verschiedenen Hormone viele andere Hormondrüsen und Stoffwechselvorgänge im Körper. Gleichzeitig bekommt sie Rückmeldungen von verschiedensten Hormondrüsen und von ihren Zielgeweben und kann damit die Steuerung wieder an den Istzustand anpassen. Die Hypophyse wird daher auch als „Dirigent des Hormonorchesters“ bezeichnet. Sie gibt den Einsatz, holt sich aber über Rückkopplungsschleifen auch die Information, ob und wie ihre Vorgaben umgesetzt wurden, um ihre Signale stetig anzupassen.

Zu den Hormondrüsen, die von der Hypophyse gesteuert werden, gehören unter anderem die Nebennieren. Sie liegen paarig auf der linken und rechten Körperseite vor und schmiegen sich eng an die Nieren an. Von den verschiedenen Hormonen, die von den Nebennieren produziert und abgegeben werden, gehören die Glucocorticoide (Cortisol) zu den interessantesten. Ihre Ausschüttung wird durch das ACTH der Hypophyse angeregt. Dieses „körpereigene Cortison“ hat unterschiedlichste Wirkungen im Körper.

Cortisol und Stress beim Pferd

Beim Pferd spielen die Glucocorticoide der Nebenniere insbesondere eine Rolle in der Antwort auf Stress. Wo bei uns vor allem die Adrenalinachse angeregt wird, wenn wir uns im Straßenverkehr, über den Chef oder in einer brenzligen reiterlichen Situation aufregen, geht Stress beim Pferd immer direkt über die Hypophyse-Cortisol-Achse. Das bedeutet, dass der Körper in Sekundenbruchteilen bereit gemacht wird, zu fliehen oder zu kämpfen. Dafür wird das Blut umverteilt, indem die Blutgefäße der inneren Organe und der Haut verengt werden und das dadurch zur Verfügung stehende Blutvolumen durch die geweiteten Blutgefäße der Muskeln gepumpt wird. Atmung und Herzfrequenz werden erhöht, die Aufmerksamkeit gesteigert und gleichzeitig Verdauung und Nährstoffverwertung heruntergefahren, ebenso wie das Immunsystem.

Eine weitere Wirkung der Glucocorticoide, die insbesondere im Hinblick auf Cushing-Symptome wichtig sind, besteht darin, dass körpereigene Proteine wie Albumine, aber auch Muskel-, Haut- oder Sehneneiweiße abgebaut und in Zucker umgewandelt werden, wodurch der Blutzuckerspiegel steigt. Damit wird den Muskeln mehr Energie für die Flucht zur Verfügung gestellt. Für Pferde in freier Wildbahn bedeutet Stress in aller Regel, dass sich ein hungriger Fressfeind nähert. Mit den Effekten des erhöhten Cortisolspiegels ist das Pferd gut gewappnet, um vor dem Feind davonzulaufen: Die Muskeln bekommen durch hohe Atem- und Herzfrequenz sowie die gute Blutversorgung und den hohen Blutzuckerspiegel ausreichend Sauerstoff und Energie, um zu arbeiten und das Pferd aus der Gefahrenzone zu bringen.

Während Pferde rennen, bauen sie in erhöhtem Maß Stresshormone ab. Aus diesem Grund laufen sie auch noch eine Weile weiter, selbst wenn sie den Feind schon abgehängt haben. Durch die Bewegung wird das Cortisol zügig abgebaut, während die Ausschüttung schon reduziert wird, weil ja kein Feind mehr in Sicht ist. Bleiben sie dann stehen, sind ihre Stresshormone schon wieder auf dem Ruhelevel: Die Durchblutung wird von den Muskeln zurück in die Haut und in innere Organe geleitet, Darm und Leber können wieder Nährstoffe verwerten und das Immunsystem kann entstandene Schäden reparieren.

Kurzer Stress ist okay, Dauerstress ist ein Problem

Natürlich führen Wildpferde kein komplett stressfreies Leben. Kurzzeitiger Stress kann von ihnen, ebenso wie von unseren Hauspferden, problemlos kompensiert werden. Problematisch wird es jedoch, wenn der Stress über Tage, Wochen, Monate oder Jahre anhält. Dabei spielen sowohl mögliche Stressursachen (siehe Kasten) als auch die häufig fehlende Möglichkeit zum Stressabbau eine Rolle.

Die Ausschüttung von Cortisol führt beim Pferd zu der sogenannten Kampf-oder-Flucht-Reaktion, auch als „fight or flight reflex“ bekannt. *Foto: Christiane Slawik*

Muss das Pferd ständig um seinen Platz an der Heuraufe kämpfen, begünstigt dieser Stress das Krankheitsbild. *Foto: Christiane Slawik*

Mögliche Ursachen für chronischen Stress von außen sind zum Beispiel:

- Bewegungsmangel durch überwiegende Boxenhaltung
- unsoziale Boxennachbarn
- zu wenig oder fehlende Einstreu (vor allem, wenn nur Gummimatten angeboten werden)
- zu kleine Liegefläche
- Raufutterpausen, „Heu in Mahlzeiten", Raufutterautomaten
- häufiger Wechsel in der Herde
- schlecht sozialisierte Pferde in der Gruppe („Mobbing")
- große Gruppen
- zu kleine Ausläufe
- niedriger Rang in unruhigen Gruppen
- Überforderung bei ranghohen Pferden
- häufiger Stallwechsel
- negative Erfahrungen oder Schmerzen durch den Menschen, zum Beispiel durch unpassende Ausrüstung oder Trainingsmethoden

Mögliche Ursachen für chronischen Stress von innen können sein:

- Schmerzen (durch Magengeschwüre, Arthrosen oder subklinische Hufrehe)
- Stoffwechselentgleisungen (Insulinresistenz, Entgiftungsstörungen wie KPU)
- mangelnde Futterverwertung (Zahnprobleme, Dickdarm-Dysbiosen, vor allem bei alten Pferden)
- niedrige Stresstoleranz/Nervosität (rassebedingt oder situationsbedingt)
- traumatische Erfahrungen (Tierschutzfälle)

Stresshormone können besonders gut durch freie, schnelle Bewegung abgebaut werden. Diese Möglichkeit fehlt aber vielen Pferden, sei es durch überwiegende Boxenhaltung, durch rutschige (Matsch-)Ausläufe oder solche, deren mangelnde Befestigung schnelle Bewegung unangenehm oder gefährlich macht. Viele Pferdeausläufe und manchmal sogar Paddock Trails laden nicht gerade zum Rennen ein. Die kontrollierte Bewegung unter dem Reiter trägt bei vielen Pferden eher noch zur Ausschüttung von Stresshormonen bei, statt diese zu reduzieren. Kommen dann noch permanente Stressursachen hinzu, dann steht das Pferd unter Dauerstress und damit unter permanent erhöhter Cortisol-Ausschüttung.

Cushing-Symptome sind die Folge langfristig hoher Cortisolspiegel

Viele Pferdehalter führen die sichtbaren Symptome bei ihrem Cushing-Kandidaten auf den hohen ACTH-Spiegel zurück. Das ist aber leider nicht der Fall. Die für uns sichtbaren Cushing-Symptome werden von dauerhaft hohen Cortisolspiegeln verursacht. So weiß man vor allem aus Untersuchungen am Menschen und an anderen Tierarten, dass eine Langzeitgabe von Cortison-Präparaten dieselben Symptome verursacht wie ein „echtes" Cushing.

Symptome, die auf Cushing hinweisen können:

- Hufrehe, vor allem auch ohne sichtbaren Auslöser oder zu ungewöhnlichen Zeiten
- Stark verzögerter bis fehlender Fellwechsel im Frühjahr, das Haarkleid hört nicht auf zu wachsen, wird immer dichter und länger (meist als Hirsutismus bezeichnet, medizinisch korrekt wäre jedoch Hypertrichiose)
- Progressiver Muskelabbau, vor allem die Oberlinie baut immer weiter ab, das Pferd sieht zunehmend „eckig" aus
- Häufige oder chronische Sehnen- und Bänderentzündungen und -rupturen
- Schwaches Immunsystem mit Anfälligkeit für Infekte und schlechter Wundheilung
- Apathie, Leistungsschwäche, Nierenfunktionsstörungen, Kreislaufstörungen

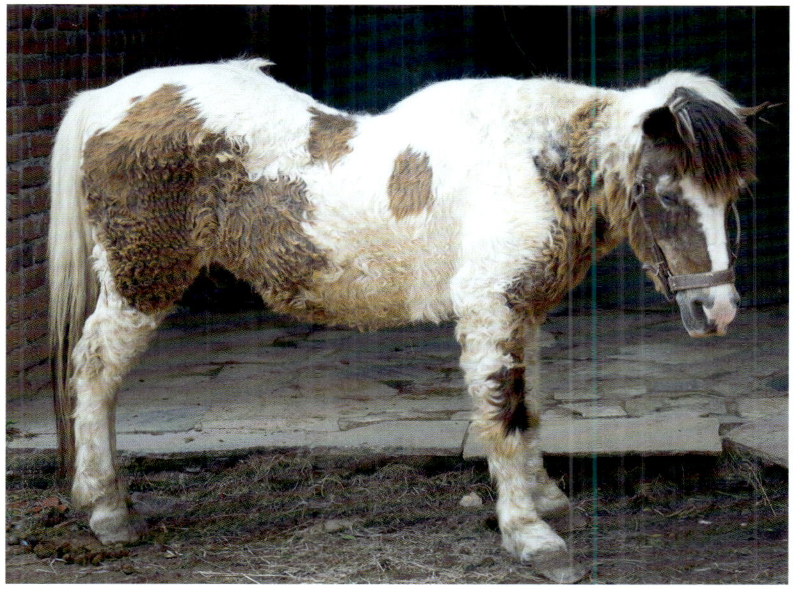

Ein Symptom allein sagt noch nichts aus. Häufen sich die Symptome und kommen neben einem struppigen Fell auch noch Hufrehe oder schlecht heilende Wunden hinzu, kann es sich um Cushing handeln. *Foto: Christiane Slawik*

Gerade bei dauerhaft bestehendem Stress kommt oft erschwerend eine schleichend entstehende Cortisolresistenz hinzu, die dafür sorgt, dass immer mehr ACTH und Cortisol in akuten Stresssituationen ausgeschüttet werden müssen, damit der Körper überhaupt noch adäquat reagiert. Das äußert sich dann in astronomisch hohen ACTH-Werten, die aber nicht zwangsläufig auf ein Adenom in der Hypophyse hinweisen, sondern nur darauf, dass die normalen Regelkreisläufe der Hypophyse-Nebennieren-Achse stark gestört sind

Chronischer Stress kann Insulinresistenz verursachen

Schon lange weiß man von anderen Tierarten und auch vom Menschen, dass dauerhafter Stress krank macht. Die damit einhergehenden hohen Blutzuckerspiegel können langfristig zum Entstehen einer Insulinresistenz beitragen. In diesem Fall reagieren insbesondere die Muskelzellen, die eigentlich ein großes Speichervolumen für Glucose haben, nicht mehr auf das Insulinsignal der Bauchspeicheldrüse. Als Folge bleibt der Blutzuckerspiegel viel zu lange erhöht, was mehrere Effekte hat:

- Überlastung der Leber, die jetzt den überschüssigen Blutzucker irgendwie speichern und „unschädlich" machen muss; damit steigendes Risiko für Übergewicht
- Progressive Zerstörung der Kapillaren in den Hufen und damit steigendes Risiko für Hufreheschübe

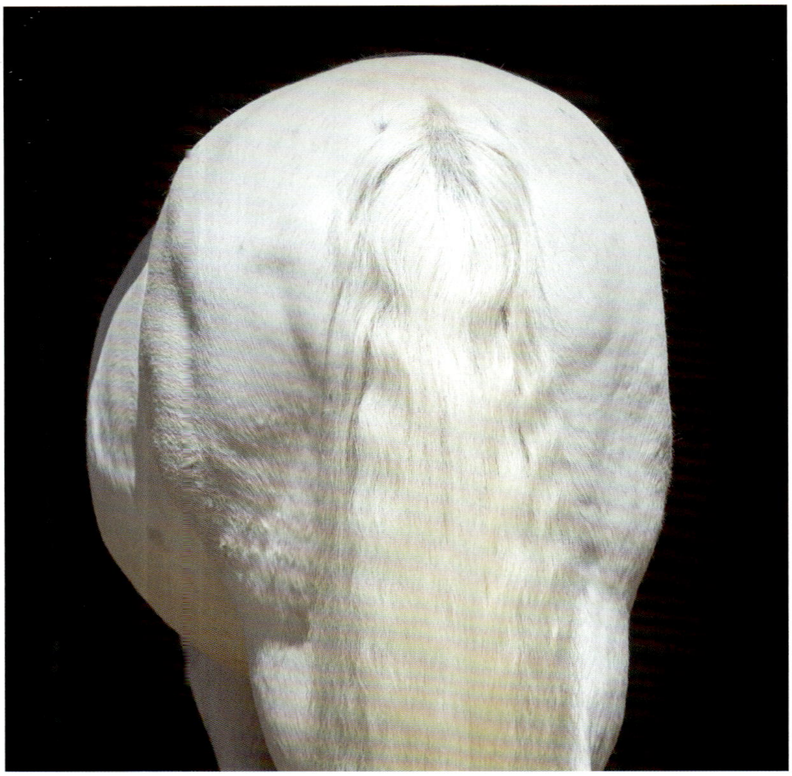

Mehr als die Hälfte der Pferde mit Cushing-Symptomen leiden auch unter Insulinresistenz, die ebenfalls Cushing-Symptome verursachen kann, wenn sie lange besteht und nicht erkannt wird. *Foto: Christiane Slawik*

- Progressive Zerstörung der Kapillaren in den Nieren und damit steigendes Risiko für mangelhafte Entgiftung und Nierenfunktionsstörungen sowie Lympheinlagerungen

- Vermehrte Ausschüttung von ACTH, denn dauerhaft hohe Blutzuckerspiegel sind ein erheblicher Stressfaktor für den Körper

Insbesondere die Tatsache, dass bei Vorliegen einer Insulinresistenz die Ausschüttung von ACTH stimuliert wird, das wiederum für mehr zirkulierende Glucocorticoide sorgt, die ihrerseits den Blutzuckerspiegel erhöhen, führt zu einem Teufelskreis, aus dem die Pferde oft von allein nicht mehr herauskommen. Studien zeigen, dass etwa 60 Prozent der mit Cushing diagnostizierten Pferde auch eine Insulinresistenz haben. Schon in den frühen 1990er-Jahren wurde in Studien darauf hingewiesen, dass Pferde mit Cushing-Symptomen sehr häufig auch eine Insulinresistenz aufweisen und man hier therapeutisch ansetzen sollte, weil darin die Ursache für die sichtbaren Symptome liegen könnte. Leider wurde dieser Ansatz bis heute nicht veterinärmedizinisch verfolgt.

Insulinresistenz führt bei Pferden häufig auch zu Übergewicht, was als Equines Metabolisches Syndrom (EMS, fette Pferde) oder Pseudo-EMS (lymphatische Pferde) symptomatisch auffallend wird. Schon 2002 wurde von Wissenschaftlern postuliert, dass Cushing aus EMS entstehen kann. Tatsächlich stellt man bei vielen Pferden mit Cushing-Symptomen fest, dass sie in ihrer Jugend eher mit Übergewicht als mit Abmagerung zu kämpfen hatten. Das Übergewicht wurde dann häufig durch ein sehr restriktives Heumanagement bekämpft. Damit hat man zwar das Gewicht optisch im Griff behalten, aber der damit einhergehende Raufuttermangel hat für zusätzlichen Stress gesorgt, also mehr ACTH-Ausschüttung und damit hohe Cortisolspiegel und Verstärkung der Insulinresistenz. Am Ende mündet diese Form des „Gewichtsmanagements" bei Pferden in Cushing-Symptome durch Langzeitstress aufgrund erzwungener Raufutterpausen/Raufuttermangel.

Der Stress und die Schilddrüse

Auch Zusammenhänge zwischen dem Auftreten von Cushing-Symptomen und Schilddrüsenproblemen wurden bei Pferden schon in den frühen 2000er-Jahren beschrieben, fanden aber ebenfalls keine Beachtung in der täglichen Praxis. Schaut man sich die hormonellen Regelkreisläufe an, dann stellt man fest, dass eine Schilddrüsenüberfunktion ebenfalls durch Stress verursacht werden kann. Schlägt man dann in der veterinärmedizinischen Literatur nach, findet man bei Hyperthyreose – also einer überaktiven Schilddrüse – dieselben Symptome, die man auch bei Cushing-Pferden häufig findet: Haut- und Fellprobleme wie struppiges, glanzloses Fell, Probleme mit dem Fellwechsel, progressiver Muskelabbau, Lethargie und ein erhöhtes Hufreherisiko.

Dauerstress macht krank

Bei lange andauerndem Stress denkt man vor allem an Herzprobleme, die bei uns Menschen in dem Fall meist im Vordergrund stehen. Bei Pferden sorgt Dauerstress jedoch für ganz andere Gesundheitsprobleme. Dazu gehören:

- erhöhte ACTH-Spiegel
- erhöhte Cortisolspiegel
- Insulinresistenz
- Störungen des Schilddrüsen-Hormonhaushalts (Hyperthyreose)
- Übergewicht (EMS oder Pseudo-EMS) im Frühstadium
- Cushing-Symptome im Endstadium

Mit der Einführung von Mineralfuttermitteln, die auch Jod enthielten, meinte man, dass Schilddrüsenprobleme der Vergangenheit angehören. Sie sind aber weiter verbreitet als man denkt und nur in den seltensten Fällen durch Jodmangel verursacht. *Foto: Christiane Slawik*

Deshalb sollte man sich bei Verdacht auf Cushing beim Pferd nicht auf den ACTH-Spiegel verlassen, denn dieser sagt nichts darüber aus, ob das Pferd unter einem „echten" Cushing (Hypophysenadenom) leidet oder nur zum Zeitpunkt der Blutabnahme gerade akuten oder dauerhaften Stress hatte. So wird häufig Blut für die ACTH-Wert-Bestimmung abgenommen, wenn die Pferde gerade in einer akuten Hufrehe stecken (Stress durch hochgradige Schmerzen), oder an einem sonnig-warmen Frühlingstag, wenn sie noch einen dicken Winterpelz haben (Thermoregulationsstress). Auch der Besuch des Tierarztes an sich kann schon eine Stressreaktion und damit einen hohen ACTH-Wert auslösen.

Anstatt sich also auf diesen fragwürdigen Wert zu verlassen und das Pferd gegebenenfalls zusätzlich zu belasten durch tägliche Medikamentengabe, sollte man sich immer die Gesamtsituation anschauen und zuerst mal nach Stresssymptomen und möglichen Ursachen für lange bestehenden Stress Ausschau halten. Stellt man den Dauerstress ab und unterstützt gezielt den Stoffwechsel, dann reguliert sich das Hormonsystem oft von ganz allein wieder ein und die Symptome verschwinden nach und nach.

Stresssymptome

Pferde neigen als Fluchttiere dazu, Stress und Schmerzen zu verbergen. Daher muss man besonders aufmerksam hinschauen. Stress zu erkennen braucht meist viel Zeit, Ruhe und gute Beobachtung. Die Installation von Kameras im Stall oder ein Tagebuch können helfen, Stresssymptome zu erkennen.

Symptome, die auf Langzeitstress hinweisen können:

- Schreckhaftigkeit, Nervosität, „Gespenstersehen" (Anfangsphase)
- Lethargie, Apathie, Bewegungsunlust (Erschöpfungsphase)
- Pferd möchte nicht in die Gruppe zurück und klebt am Besitzer.
- Pferd nimmt aus unerfindlichen Gründen ab oder zu.
- Schmerzgesicht und andere Hinweise auf körperliche Schmerzen
- Entlastungshaltungen im Bewegungsapparat
- Symptome für Magengeschwüre
- Stoffwechselstörungen wie Kotwasser Hautprobleme und so weiter

Dr. Christina Fritz studierte Biologie mit anschließender Promotion. Nach vielen Aus- und Weiterbildungen im alternativtherapeutischen Bereich führt sie seit über zehn Jahren eine Praxis für integrierte Pferdetherapie. Darüber hinaus ist sie Fütterungsexpertin und hält Vorträge, Fortbildungen und Webinare über artgerechte Pferdefütterung und -haltung. Sie ist Autorin mehrerer Fachbücher wie „Zivilisationskrankheiten bei Pferden" und „Kinesiologie am Pferd" und betreibt die Gesundheitswebsite wissen.sanoanimal.de.
www.christinafritz.de

STRESS UND ANGST MANAGEN

durch Coaching und Frequenztherapie

von Michaela Hohlstein

Wer kennt nicht die Blockaden, den inneren Schweinehund oder die Angstzustände, die unsere Motivation und unsere Zielsetzungen stören? Manchmal erahnen wir die Hintergründe, aber oft sind sie uns verborgen und wir zweifeln und suchen und grübeln. Es werden Ideen, Träume und Ziele nicht verwirklicht, weil uns das passende Modul fehlt und wir unsere Blockaden nicht überwinden können. Fokussiertes Coaching und Entwicklung ist nun für Pferd und Mensch einfacher möglich geworden durch die Informationsfeldgesteuerte Frequenztherapie.

Fotos: Evelyn Delau

Bewusstsein ist alles und kommt vor Materie.

Max Planck

Menschen können zum Psychotherapeuten gehen und in langem Zeitrahmen ihre ureigensten Verhaltensmuster versuchen zu ergründen und diese zu ändern. Wer diesen Weg bereits gegangen ist, weiß, dass auch hier ein langer Atem und viel Mut notwendig sind. Momentan eher die Schwierigkeit, überhaupt einen Platz zu bekommen. Die Pandemie und der Krieg haben es den Menschen nicht leichter gemacht, mit ihrem Leben und dem Umfeld klarzukommen und ein unbeschwertes, angstfreies Leben zu führen.

Dies spiegelt sich natürlich in der Arbeit mit den Pferden. Angst ist eine der größten momentanen Motivationsstörungen überhaupt. Diese ist vielfältig:

- Angst vor dem Scheitern
- Angst vor dem Pferd selbst
- Angst vor dem Sturz
- Angst vor dem Ausreiten
- Angst vor dem Galopp
- Angst im Umgang
- Angst vor dem Stallklima/vor der Stallgemeinschaft
- Angst, den Herausforderungen nicht gerecht zu werden
- Angst, wie es morgen weitergeht

Jeder hat seine eigene Angst und seine eigene Wahrnehmung dazu. Angst ist ein starkes Gefühl und überlebensnotwendig. Ohne Angst wären wir viel zu leichtsinnig. Sie rettet unser Leben! Sie schützt uns. Doch steht diese nicht in einer gesunden Balance, ist Angst eine große Blockade und verhindert Entwicklung.

Theoretisch hört sich das einfach an. Wer mit seinen Ängsten schon eine Auseinandersetzung hatte, weiß allerdings, dass Angst ein äußerst belastendes Thema sein kann und die meisten damit allein keinen Ausweg finden. Sie befinden sich dann in einem Teufelskreis. Warum?

DAS PFERD ALS SPIEGEL

Das Pferd spiegelt uns. Es reflektiert und kann damit den Anfang vom Ende auslösen. Pferde sind große und schwere Tiere. Ein Schlag, ein Biss, ein Überrennen können schwere Folgen für uns Menschen haben. Warum das so selten vorkommt? Diese unglaublich tollen Wesen sind menschenaffin. Sie mögen uns und vertrauen uns. Sie versuchen, mit uns zusammenzuarbeiten, so gut sie können. Sie sind nicht auf Angriff und Krawall gebürstet. Sie sind friedliche Tiere. Neugierig, lernwillig und möchten eine Beziehung aufbauen. Dabei sind wir als Menschen für ein Fluchttier nicht die optimale Besetzung. An sich lösen wir in diesen Tieren durch unsere Mimik, Gestik, unseren Geruch und unsere Sprache eher ihren Fluchtreflex aus. Doch sie haben gelernt, uns zu vertrauen.

Pferd und Mensch agieren unterschiedlich. Zwar hat sich das Pferd in unserer Welt angepasst, aber Meinungsverschiedenheiten können immer wieder entstehen, weil das Denken von Mensch und Pferd verschieden ist. In Konfliktsituationen kann es zu Traumata auf beiden Seiten kommen. *Foto: Christiane Slawik*

Aber auch Pferde haben ihre Seele und ihre Traumata. Es reicht bereits aus, dass ein Pferd mit dem Menschen an sich zu tun hat. Es ist ja nicht leicht mit uns. Unsere Emotionen und das Nicht-im-Hier-und-Jetzt-Sein, das Händische, die Art des Wahrnehmens und Denkens. Das hält das Pferd scheinbar ganz selbstverständlich aus – unsere tiefsten Gefühle, Ängste und unkoordinierten Bewegungen und dauernden Signale.

Nicht alle können das. Dazu können dann noch pferdeeigene Schicksale hinzukommen.

Dank neuer Verfahren in der Informationsfeldgesteuerten Frequenztherapie gibt es aktive und passive Möglichkeiten, diesem Thema endgültig für jedermann einen Zugang zu geben.

ANGST, ANGST UND IMMER WIEDER ANGST

Bei der Informationsfeldgesteuerten Frequenztherapie sollte immer das körperliche und mentale Wohlbefinden der Lehrpferde im Vordergrund stehen. Sie meistern jeden Tag einen anstrengenden Job und müssen viele Defizite der Reitschüler ausgleichen. Bei vielen Pferden, die in Beritt waren, ist das Kind häufig schon in den Brunnen gefallen. Die Pferde sind bereits durch viele „Hände" gegangen oder es haben sich viele Trainer daran versucht. Der Besitzer ist mittlerweile so verängstigt, dass er sich nicht mehr an sein geliebtes Pferd herantraut. Meist kommt der Satz: „Ich steige da nicht auf!" So tief sitzt die Angst. Selbst nach erfolgreicher Korrektur der Pferde ist das Wiederzusammenführen mit ihren Menschen die wichtigste und schwierigste Aufgabe. Manchmal steckt das Thema Angst tief im Pferd und manchmal im Menschen und im schlechtesten Fall in beiden. Dieser Umstand kann jedoch auch im energetischen Sinne ausgeglichen werden.

AURA, CHAKREN UND RESONANZANALYSE

Eine Möglichkeit ist die Auraanalyse. Dabei wird – über die Chakren – das momentane *Ist* sichtbar. Also wie wir sind, was uns blockiert und wo es herkommt. Auch unbewusste Störherde werden ermittelt. Der Energiefluss ist ein wichtiger Pfeiler in unserem Leben. Positive Affirmationen helfen dann, vom „momentanen *Ist*" in das „*Sein*-Können" zu kommen. Damit kann aufgedeckt werden, woher die Ängste kommen und welche Ursache und Auswirkung sie haben. Damit kann sich derjenige dann aktiv auseinandersetzen oder passiv aufschwingen lassen.

Die Resonanzanalysen filtern Bereiche, die passend ausgewählt werden können. Dies sollte immer angemessen und zielgerichtet angewandt werden.
Foto: Evelyn Delau

Alles ist Energie. Gleiche dich der Frequenz der Realität an, die du möchtest, und du kreierst diese Realität. Das ist keine Philosophie. Das ist Physik.

Albert Einstein

Durch eine Resonanzanalyse werden die Defizite sichtbar und ermöglichen, diese gezielt zu unterstützen. Die Resonanzanalysen von zum Beispiel Schüssler Salzen und Bachblüten können auch genutzt werden, um die passenden radionisch energetisierten Zuckerkügelchen oder Orgoniten anzufertigen. Es finden sich aber zu allen Frequenzmöglichkeiten auch Australische Buschblüten, Alaskanische Edelsteine, I-Ging, Kreative Homöopathie Psyche, Vitalstoffe und vieles andere mehr, die uns helfen, ganzheitlich am Thema Ängste zu arbeiten.

ANALYSEN OHNE EINFLUSS VON DEUTUNGEN

Das nächste und wertvollste Thema ist im Fall von Ängsten die Coaching-Analyse. Diese deckt auf, warum Ziele, Träume, Wünsche, Partnerschaften, berufliche Veränderungen, Selbstentwicklung und so weiter oft nicht verwirklicht werden können. Sie macht Motivationshemmer, Konfliktzustände, Ängste und Ähnliches ersichtlich. Bestehende Verhaltensmuster können dadurch begleitend verändert werden. Mit einem bestimmten Fokus wird priorisiert und ausgelesen. Diese Arbeit wird, wie bei der Aura- oder Resonanzanalyse, bewusst und aktiv mitgestaltet oder passiv ohne eigenes Mittun. Daraus ist es möglich, ein komplexes Bild der Situation darzustellen. Es wird nicht nur der *Ist*-Zustand sichtbar, sondern es kann direkt mit positiven *Soll*-Affirmation sinnvoll und individuell weiter unterstützt werden. Bisher bestand die große Schwierigkeit darin, die passenden Frequenzen zu haben und die richtige Reihenfolge, Dosierung und Intensität herauszufinden. Durch eine Informationsfeldgesteuerte Option ist dies ganz individuell und punktgenau möglich, was die Umsetzung des *Soll*-Zustands passiv und/oder aktiv möglich macht. Bei Pferden ist es immer passiv, denn sie sind in der Frequenztherapie aktiv nicht mit einzubinden. Der Mensch als Partner dagegen kann das Pferd auch aktiv mitbegleiten.

ZUSAMMENSPIEL PFERD – MENSCH

Hier ein Beispiel von einem Pferd, das gern Veränderung hätte, aber aktiv auf keinen Fall etwas dazu tun wollte. Bisher wurde immer vom Pferd gefordert und dieser Umstand war mental nicht mehr auszuhalten. Es zog sich in seine Krankheiten zurück. Mit der Coachingmethode war es möglich, sich komplett auf diesen Wunsch einzulassen. Das Pferd entwickelte sich passiv mit und die Veränderungen wurden in der Auswertung, dem Verhalten und der Leistung sowie dem Umgang ersichtlich. Die Analysen und begleitenden Maßnahmen wurden alle vier bis sechs Wochen angepasst und besprochen. Die Verletzungen hatten sich gegeben und die Gesundheitslage blieb dauerhaft stabil. Das Miteinander im Umgang hatte sich positiv verändert und Vertrauen und Verständnis konnten aufgebaut werden.

Der Partner Mensch dazu war offen und hat alles aktiv mitbegleitet. Das bedeutet, dass er neben der passiven Therapieunterstützung gleichzeitig mit Evaluationsbögen und Reflexionsgesprächen, Auswertungen und Veränderungen mit einbezogen wurde. Dieses Vertrauen und das Öffnen hat eine schnelle Entwicklung möglich gemacht. Das Pferd wurde als ganzheitliches Wesen neu wahrgenommen. Durch die Informationen konnte das Verständnis entwickelt und das Verhalten angepasst werden.

Bereits nach drei Monaten konnten die beiden ohne weitere Begleitung in dem erreichten Zustand zufrieden weiterarbeiten. Die Pause bedeutet, dass der Prozess des Zusammenfindens funktioniert und nun ein besseres Grundverständnis und damit eine positive Haltung in allen Bereichen stattgefunden hat. Das Coaching hat den Beginn einer gemeinsamen Entwicklung in eine gute Zusammenarbeit angeregt. Die Pause wurde als angenehm empfunden, was ein hervorragendes Feedback (auch für den Coach) war. Damit wurde eine Basis gelegt.

Eines sollte man immer beobachten: Sobald sich in dieser Grundeinstellung wieder Verletzungen oder negative Veränderungen einstellen, kann direkt wieder mit weiterer Coachingunterstützung begonnen werden. Diese Sicherheit im Hinterkopf gibt vielen schon eine gute Haltung – es ist wie ein Rettungsanker, der jederzeit ergriffen werden kann, aber vielleicht nie gebraucht wird.

Die Coachingbehandlung erfolgt über das Aufschwingen von positiven Affirmationen in das bioenergetische Feld. Parallel werden körperliche Anliegen mit der Frequenztherapie bearbeitet. Coachingmethode und Frequenztherapie sorgen für das anhaltende Wohlbefinden des Pferdes. *Foto: Evelyn Delau*

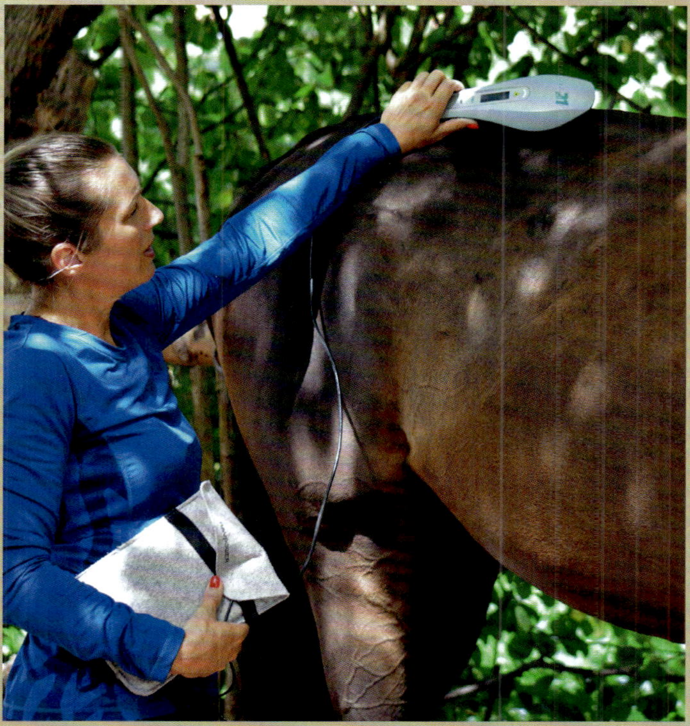

Auch die Anwendung des Lasers ist eine Möglichkeit der Frequenztherapie. Am Ende steht immer das Wohl des Tieres und in weiterer Folge des Menschen. *Foto: Evelyn Delau*

MÖGLICHKEITEN DER FREQUENZTHERAPIE

Diese Methode ist Hilfe zur Selbsthilfe und soll immer nur so viel unterstützen, dass ein zufriedener Weg mit dem Pferd auch weitestgehend ohne Mental-Coaching möglich wird.

Andere möchten sich ihre Situation nicht so genau beleuchten. Sie möchten eher eine schleichende passive Veränderung erleben. Auch das ist eine gute Möglichkeit, einen Anfang zu finden und dadurch Vertrauen aufzubauen – in sich, sein Pferd und den Coach. Kann ich mit Frequenzen etwas falsch machen? Nein. Der Körper nimmt nur die auf, die er benötigt. Ebenso wenig ist es möglich, negativ zu beeinflussen.

Es gibt sowohl für den Therapeuten als auch für den Pferdebesitzer hervorragende Möglichkeiten der Frequenz- und Mikrostromtherapie. Diese Therapiebegleitung komplettiert bereits genutzte Verfahren und erlaubt noch mehr Einblick in die mentale Situation von Pferden.

Für wen sie sinnvoll ist:

- Für den Tierbesitzer, der selbstständig agieren und Rückmeldung bei seinem kompetenten Ansprechpartner haben kann
- Für Therapeuten, Heilpraktiker und Tierärzte ein wichtiges Tool für die Analysen, um zielorientiert arbeiten zu können.
- Für Psychotherapeuten, die Blockaden und Störherde nicht erkennen können
- Für Zielorientierte, die trotz aller Anstrengungen ihre Wünsche nicht erreichen oder umsetzen können – für sich oder mit dem Pferd (mental, körperlich, emotional)
- Für Personen/Tiere, die sich selbst im Weg stehen und die Ursache dafür nicht kennen
- Für Gesunde, die das auch bleiben und optimieren wollen.
- Für Kranke, die therapiebegleitend ihre Lebensqualität steigern wollen

Die Vorteile:

- Vielseitige, eigenverantwortliche Einsatzmöglichkeiten für Mensch und Tier
- Bei akuten und chronischen Beschwerden, Problemen, Blockaden
- Stressfreie Anwendung in der gewohnten Umgebung oder aus der Ferne
- Durch die Frequenztherapie können Selbstheilungskräfte aktiviert werden, Ängste und Blockaden können aufgelöst werden – die Zellen werden unterstützt, sich selbst zu regulieren
- Präventiv einsetzbar für mehr Wohlbefinden
- Spezielle Tierprogramme und Expertenprogramme möglich

Unterstützungsmöglichkeiten beim Pferd:

- Knöcherne, fasziale und muskuläre Beschwerden
- Beeinträchtigungen des Bewegungsapparats
- Stoffwechselstörungen
- Umweltbelastungen
- Bakterielle und virale Belastungen
- Immunsystem
- Akute und chronische Geschehen
- Psychische Belastungen und Verhaltensauffälligkeiten

Michaela Hohlstein ist FN Trainerin A, VFD ÜL B + R und Prüferin, Trainerin für Reiten für Menschen mit Behinderung DKThR, Leitung der Vereinsreitschule Pferdepartner Franken e.V., Inhaberin einer Firma mit Schwerpunkt Reha-Beritt, Pferdetraumata und Ausbilderin von Reitlehrern und Lehrpferden. Sie entwickelte ihr System für Therapiebegleitung und Coaching. Dabei erklärt sie Analysen, begleitet Entwicklungen und erstellt Coachingpläne für Pferd und Mensch.
www.reitgut-hohlstein.de

Buchempfehlung

Von Pferden lernen,

sich selbst zu verstehen

Jenny Wild, bekannt auch als Partnerin von Peer Claßen oder besser: „Jenny & Peer". In ihrem schon 2014 erschienenen Buch beschreibt sie, wie sie mit ihrem Partner Peer zu Pferden kam, welche Unterschiede es im Denken zwischen Pferden und Menschen gibt und wie wir Menschen die Sichtweise des Pferdes im Training nutzen können. Der Hintergrund des Buches soll einen Überblick über Zusammenhänge schaffen, die einem im Umgang mit dem Pferd nicht bewusst sind, und es soll dem Menschen die Möglichkeit geben, Dinge aus einer anderen Perspektive zu betrachten. Beschrieben werden die Beziehungen von Menschen zu Pferden, wie Kinder und Pferde ein entspanntes Miteinander pflegen und warum. Das wichtige Thema Sicherheit und welche Auswirkungen die Unsicherheit des Menschen auf die Arbeit mit dem Pferd hat, macht dem Leser klar, was es bedeutet, wenn man zum Beispiel den Führstrick zu verkrampft hält. Ein winziges Detail, das fatale Auswirkungen haben kann. Angriff und Flucht – genaue Erklärungen, warum Pferde wie reagieren, runden das Thema Sicherheit sehr schön ab.

Dann geht es weiter mit einem Bereich, dessen sich jeder Pferdebesitzer bewusst werden sollte. Jeder, der mit Pferden arbeitet, sollte dem Pferd seine eigene Zone zeigen und darauf hinweisen. Einen Raum beanspruchen kann man auch, ohne negative Energie einzufordern. Wieder ein Detail, das für den Pferdebesitzer wichtig ist. Der sehr schöne Satz „Je unsicherer das Pferd und je unübersichtlicher die Lage, umso größer sollte die private Zone sein" trifft es genau. Voreingenommenheit und Verdrängung sind Themen, denen jeder tagtäglich im Stallalltag begegnet und deren er sich nicht bewusst ist. Dazu gehört auch, sich Probleme anzuschauen, anstatt sie zu vermeiden. Hilfe anzunehmen fällt auch Pferdemenschen oft schwer und dass Druck mit Gegendruck beantwortet wird, weiß jeder aus dem alltäglichen Leben. „Die netteste Frage und Danke sagen" leitet ein Kapitel ein, das wohl das wichtigste im Buch ist – Empathie. Die Grundeinstellung zu ändern und Beispiele, wie es im aktiven Zusammensein mit dem eigenen Pferd gehen kann, führen durch das restliche Buch.

Fazit: Jenny Wild fühlt mit den Pferden, jede Zeile ist wohlüberlegt und hat als Hintergrund, das Verständnis zwischen Pferd und Mensch zu verbessern. Ihrer Ansicht nach gibt es nur deshalb Missverständnisse, weil beide Individuen nicht die gleiche Sprache sprechen und nicht der gleichen Spezies angehören. Sie lässt nie den Blickwinkel des Pferdes im Gegensatz zum Menschen außer Acht. Sie schreibt das Buch, aber Peer und Jennys Sohn Henry sind immer mit dabei – auf der einen Seite als Helfer bei Fotos und auch in der täglichen Arbeit mit dem Pferd. Praktische und nachvollziehbare Beispiele machen das Buch zum wertvollen Ratgeber. Absolut empfehlenswert!

Von Pferden lernen,sich selbst zu verstehen
von Jenny Wild
200 Seiten, Schwarz-Weiß-Abbildungen
Kosmos Verlag
ISBN: 978-3-44013-788-8
€ 19,90 (D)

Harrys Welt

Von Reitlehrern und Pferdeausbildung

Als ich vor vielen Jahren meinen Menschen getroffen habe, war er voller guter Vorsätze bei miserablen Reitkenntnissen. Aber ich war nach meiner Reitschulära froh, einen Menschen konstant an meiner Seite zu haben und den Reitschulbetrieb hinter mir zu lassen. Ich war neugierig, was mein neuer Lebensabschnitt bringen würde, war aber auch sehr misstrauisch.

Ich lebte nun auf einer schönen Reitanlage, und was passierte? Reitunterricht! Zwei bis drei Mal die Woche kam Angelika, eine resolute Reitlehrerin nach altem FN-Vorbild mit einer schrecklich schrillen Stimme, die mich und meinen Menschen in der Halle traktierte. Dass sie ihm einen ordentlichen Sitz beibrachte, habe ich ja verstanden, aber dass sie auch an mir rumnörgelte, war schwer zu ertragen. Also lief ich grimmig Runde für Runde und dachte: „Immer noch besser als Reitschule." Aber ich hatte andere Vorstellungen von einem glücklichen Pferdeleben.

Leider war mein Mensch noch von einem gewissen Ehrgeiz getragen. Er ritt mich täglich in der Halle oder auf dem Reitplatz und wir machten viele gymnastische Übungen, aber immerhin: Nach der Übungsstunde sind wir immer um ein großes, angrenzendes Feld geritten, und da konnte ich mich vom Stress erholen. Die Reitlehrerin habe ich dann nicht mehr gesehen.

Mein Mensch sagt: „Ich habe ein Jahr gebraucht, um mich an mein Pferd zu gewöhnen und es zu verstehen." Ich, der Haflinger, sage: „Ich habe ein Jahr gebraucht, um meinen Menschen so zu erziehen, dass ich ein auskömmliches Pferdeleben leben kann."

Glücklicherweise ist mein Mensch Pferdebuchverleger und liest deshalb viele Pferdebücher und Manuskripte. Er lernte viel und konnte davon profitieren. Wir verlegten unsere Ausbildung nach draußen. Er versuchte, mich zu longieren. Wenn ich etwas hasse, dann im Kreis rumlaufen. Ich blieb einfach stehen oder lief in die Mitte, um ihm zu sagen, wie blöd ich das finde, und wenn er mich zurückschickte, dann schlug ich nach ihm aus.

Nachdem wir diese Frage abschließend geklärt hatten, haben wir unsere Ausbildung auf den Reitplatz und ins Gelände verlegt und ich versuchte, Freude daran zu haben. Wir konnten über kleine Cavaletti springen, ich konnte mich rückwärts durch Stangen schlängeln, Schlangenlinien laufen. Einmal hatte sich mein Mensch Videos von Bent Branderup angeschaut. Danach hatte er viele schöne Bilder im Kopf, die er auf mich übertrug. Es machte mir Spaß, das „Barockpferd" zu spielen. Manchmal kam eine angenehme Reitlehrerin, brachte mir die Piaffe bei und lobte mich immer sehr nett. Da entwickelte ich als Haflinger sogar Ehrgeiz.

Unsere weitere Ausbildung haben wir im Wald und auf Feldwegen absolviert. Es gab einen Weg, der mit Baumwurzeln übersät war. Anfangs ritten wir Schritt darüber hinweg und jeden Tag ein wenig schneller. Ich lernte, meine Beine sehr gut zu koordinieren. Wir hatten beide viel Freude und meine Muskulatur wuchs und wuchs.

Mein Mensch hatte schnell begriffen, dass zu großer Ehrgeiz Gift für unsere Beziehung war. Ich versuchte, ihm etwas zurückzugeben, indem ich gelehrig war, auch mal was tat, was mir nicht so viel Spaß machte, nur um ihm eine Freude zu bereiten.

Euer Harry

Wer Fragen, Anliegen oder Wünsche hat, kann mir unter harry@naturalhorse.de eine Mail schreiben.

Kolumne

Impressum

Natural Horse
Über den achtsamen Umgang mit Pferden
Friedrichsruher Weg 33
D-21465 Wentorf bei Hamburg
info@naturalhorse.de

erscheint in der Crystal Verlag GmbH
Friedrichsruher Weg 33
D-21465 Wentorf
Tel.: +49 (0) 40 710 015 68
info@crystal-verlag.com

Herausgeber
Hans J. Schmidtke

Chefredaktion
Martina Kiss

Autoren dieser Ausgabe
Kirsten Fleiser, Dr. Christina Fritz, Susanne Herbrik, Michaela Hohlstein, Martina Kiss, Alexandra König, Nadja Müller, Harry Piaffe, Silja Schießwohl, Nina Steigerwald, Lukas Umbach

Layout und Grafik
Eva Lakas Dipl. Des. (FH) | Berlin

Coverfoto
Christiane Slawik, www.slawik.com

Pressevertrieb
PressUp GmbH, 22013 Hamburg

Abonnements
Natural Horse Leserservice
PressUp GmbH
Postfach 70 13 11
22013 Hamburg
Tel.: +49 (0)40 38 6666-317
Fax: +49 (0)40 38 6666-299
abo@naturalhorse.de

Einzelhefte
Crystal Verlag GmbH
Friedrichsruher Weg 33
D-21465 Wentorf
info@naturalhorse.de

Medienberatung
Kirsten Fleiser
Crystal Verlag GmbH
Friedrichsruher Weg 33
D-21465 Wentorf
media@crystal-verlag.com

Druck
Grafisches Centrum Cuno, Calbe

Natural Horse

natural_horse_pferdemagazin

Natural Horse